GUIDE

DES

CONSEILS DE DISCIPLINE

RENFERMANT UN

APERÇU DE LA LÉGISLATION RELATIVE AUX CONSEILS DE RECENSEMENT ET AUX JURYS DE RÉVISION

AINSI QUE LE RÉSUMÉ DES

LOIS, DÉCRETS, CIRCULAIRES ET RÈGLEMENTS

QUI RÉGISSENT LES CONSEILS DE DISCIPLINE

PAR ERNEST DEMAY,

Avocat au Conseil d'État et à la Cour de Cassation, Chef d'Escadron de l'État-Major général des Gardes nationales du département de la Seine, Inspecteur des Conseils de discipline.

VANNES

IMPRIMERIE GUSTAVE DE LAMARZELLE.

1869

GUIDE

DES

CONSEILS DE DISCIPLINE

GUIDE

DES

CONSEILS DE DISCIPLINE

RENFERMANT UN

APERÇU DE LA LÉGISLATION RELATIVE AUX CONSEILS
DE RECENSEMENT ET AUX JURYS DE RÉVISION

AINSI QUE LE RÉSUMÉ DES

LOIS, DÉCRETS, CIRCULAIRES & RÈGLEMENTS

QUI RÉGISSENT LES CONSEILS DE DISCIPLINE

PAR ERNEST DEMAY,

Avocat au Conseil d'Etat et à la Cour de Cassation, Chef d'Escadron de l'Etat-Major général des Gardes nationales du département de la Seine, Inspecteur des Conseils de discipline.

VANNES
IMPRIMERIE GUSTAVE DE LAMARZELLE.

1869

Garde nationale du département de la Seine.

MON CHER COMMANDANT,

Je me suis fait rendre compte de l'ouvrage que vous vous proposez de publier dans l'intérêt du recensement et de la discipline des bataillons de la Garde nationale; j'y ai acquis une nouvelle preuve de votre dévouement éclairé à la mission qui vous a été confiée dans mon état-major général.

Je vous en fais mes remerciements sincères, mon cher Commandant, et j'y ajoute l'expression de mes sentiments bien affectueux et bien dévoués.

Le Général de division, Sénateur, commandant supérieur,

MELLINET.

Ce 1er Février 1869.

LIVRE PREMIER

TITRE I

I. But de cet ouvrage. — II. Première loi organique de la Garde nationale. — III. Décret du 11 Janvier 1852. — IV. Titre IV jusques et y compris l'article 113 de la loi du 18 Juin 1851. — V. Règlement disciplinaire.

—

I. — But de cet Ouvrage.

— Le but de cet Ouvrage n'est pas de chercher a faire l'historique de la Garde nationale ; ce que l'on a voulu, c'est retracer en quelques mots, la législation qui régit aujourd'hui les Conseils de Discipline, ainsi que la Jurisprudence qui s'y rapporte.

Toutefois, avant d'aborder cette partie spéciale du Décret du 11 janvier 1852, il est impossible de ne pas jeter un coup d'œil sur l'ensemble de la législation actuelle relative à cette milice, qui a véritablement pris naissance en France à la révolution de 1789 et dont Lafayette fut le premier commandant.

II. — Première Loi organique de la Garde nationale.

— La première loi organique de la Garde nationale, date du 29 septembre 1791 ; et, c'est cette loi qui a servi de base à toutes celles survenues jusqu'au 13 juin 1851.

III. — Décret du 11 Janvier 1852.

— Le 11 janvier 1852, le Président de la République rendait

un décret qui, dissolvait toutes les Gardes nationales de France pour les organiser sur de nouvelles bases, et abrogeait les lois antérieures à l'exception du Titre IV, de la loi du 13 juin 1851, relatif à la Discipline ; or, cette loi de 1851, disons-le de suite, est encore consultée aujourd'hui et ses dispositions, en ce qu'elles n'ont rien de contraire au décret de 1852, nous tracent bien souvent les règles à suivre dans la pratique.

Le Décret du 11 janvier 1852 est ainsi conçu :

« Louis Napoléon, président de la République ;

« Considérant que l'ordre est l'unique source du travail et qu'il ne » s'établit qu'en raison directe de la force et de l'autorité du Gouver- » nement ;

» Considérant que la Garde nationale doit être, non une garantie » contre le pouvoir, mais une garantie contre le désordre et l'insur- » rection ;

» Considérant que les principes appliqués à l'organisation de la » Garde nationale à la suite de nos différentes révolutions, en armant » indistinctement tout le monde, n'ont été qu'une préparation à la » guerre civile ;

» Qu'une composition de la Garde nationale, faite avec discernement, » assure l'ordre public et le salut du pays ;

» Considérant que, dans les campagnes surtout, où la force publique » est peu nombreuse, il importe de prévenir toute nouvelle tentative de » désordre et de pillage ; qu'une récente expérience a prouvé qu'une » seule Compagnie de bons citoyens, armés pour la défense de leurs » foyers, suffit pour contenir ou mettre en fuite des bandes de malfai- » teurs ;

» Sur le rapport du Ministre de l'Intérieur ;

» Décrète :

» Les Gardes nationales sont dissoutes dans toute l'étendue du ter- » ritoire de la République.

» Elles sont réorganisées sur les bases suivantes dans les localités » où leur concours sera jugé nécessaire pour la défense de l'ordre » public.

» Dans le département de la Seine, le général commandant supérieur » est chargé de cette réorganisation, qui aura lieu par bataillons.

» Art. 1er. Le service de la Garde nationale consiste,

» 1° En service ordinaire dans l'intérieur de la commune ;

» 2° En service de détachement hors du territoire de la commune.

» 2. Le service de la Garde nationale est obligatoire pour tous les » Français âgés de vingt-cinq à cinquante ans, qui seront jugés aptes à » ce service par le conseil de recensement.

» Néanmoins le Gouvernement fixera, pour chaque localité, le » nombre des Gardes nationaux.

» 3. La Garde nationale est organisée dans toutes les communes où » le Gouvernement le juge nécessaire ; elle est dissoute et réorganisée » suivant que les circonstances l'exigent. Elle est formée en compagnie, » bataillon ou légion, selon les besoins du service déterminés par l'au- » torité administrative, qui pourra créer des corps de sapeurs-pompiers.

» La création de corps spéciaux de cavalerie, artillerie ou génie, ne » pourra avoir lieu que sur l'autorisation du ministre de l'intérieur.

» 4. Le Président de la République nommera un commandant su- » périeur, des colonels ou lieutenants-colonels dans les localités où il » le jugera convenable.

» 5. La Garde nationale est placée sous l'autorité des maires, des » sous-préfets, des préfets, et du ministre de l'intérieur.

» Lorsque, d'après les ordres du préfet ou du sous-préfet, la Garde » nationale de plusieurs communes est réunie, soit au chef-lieu du » canton, soit dans toute autre commune, elle est sous l'autorité du » maire de la commune où a lieu la réunion.

» Sont exceptés les cas, déterminés par les lois, où la Garde nationale » est appelée à faire un service militaire et où elle est mise sous les » ordres de l'autorité militaire.

» 6. Les citoyens ne peuvent ni prendre les armes, ni se rassembler » comme Gardes nationaux, avec ou sans uniforme, sans l'ordre des » chefs immédiats, et ceux-ci ne peuvent donner cet ordre sans une » réquisition de l'autorité civile.

» 7. Aucun chef de poste ne peut faire distribuer des cartouches aux » Gardes nationaux placés sous son commandement si ce n'est en vertu » d'un ordre précis ou en cas d'attaque de vive force.

» 8. La Garde nationale se compose de tous les Français et des » étrangers, jouissant des droits civils, qui sont admis par le conseil de » recensement, à la condition d'être habillés suivant l'uniforme qui est » obligatoire.

» 9. Le Conseil de recensement est composé ainsi qu'il suit : 1° Pour » une compagnie, du capitaine, président, et de deux membres désignés » par le sous-préfet ; 2° pour un bataillon, du chef de bataillon, prési- » dent, et des capitaines de chacune des compagnies qui le composent ; » le capitaine peut se faire suppléer par son sergent-major.

» Provisoirement et jusqu'à nomination aux grades, il est composé » de trois membres par compagnie et de neuf membres par bataillon, » désignés par le préfet ou le sous-préfet.

» A Paris, la désignation sera faite par le ministre de l'intérieur, sur la présentation du général commandant supérieur.

» Le Conseil de recensement prononce sur les admissions et arrête » le contrôle définitif.

» 10. Il y aura un jury de révision pour chaque canton. Il est pré- » sidé par le juge de paix et composé de quatre membres nommés par » le sous-préfet.

» A Paris, le Jury de révision, institué à l'état-major général est » présidé par le chef d'état-major, et composé de :

» Quatre chefs de bataillon ;

» Deux chefs d'escadron d'état-major ;

» Deux capitaines d'état-major ;

» Un chef d'escadron, rapporteur ;

» Un capitaine, rapporteur-adjoint ;

» Un capitaine, secrétaire ;

» Un lieutenant, secrétaire-adjoint ;

» 11. Le Président de la République nomme les officiers de tous » grades, sur la présentation du ministre de l'intérieur, d'après les pro- » positions du commandant supérieur, dans le département de la Seine, » et d'après celles des préfets, dans les autres départements.

» Les adjudants sous-officiers sont nommés par le chef de bataillon, » qui nomme également à tous les emplois de sous-officiers et de ca- » poraux, sur la présentation des commandants de Compagnie.

» 12. Les communes sont responsables, sauf leur recours contre les » gardes nationaux, des armes que le Gouvernement a jugé nécessaire » de leur délivrer ; ces armes restent la propriété de l'État.

» L'entretien de l'armement est à la charge du Garde national ; les » réparations, en cas d'accident causé par le service, sont à la charge » de la commune.

» Les Gardes nationaux détenteurs d'armes appartenant à l'État, qui » ne présentent pas ou ne font pas présenter ces armes aux inspections » générales annuelles prescrites par les règlements, peuvent être con- » damnés à une amende de un franc au moins et de cinq francs au » plus, au profit de la commune.

» Cette amende est prononcée et recouvrée comme en matière de » police municipale.

» 13. Dans tous les cas où les Gardes nationales sont de service avec » les corps soldés, elles prennent le rang sur eux.

» 14. Les dépenses de la Garde nationale, sont votées, réglées et » surveillées comme toutes les autres dépenses municipales.

» 15. Les dépenses de la Garde nationale sont obligatoires ou facul- » tatives.

» Les dépenses obligatoires sont,

» 1° Les frais d'achat de drapeaux, tambours et trompettes ;

» 2° Les réparations, l'entretien et le prix des armes ; sauf recours » contre les Gardes nationaux aux termes de l'article 13.

» 3° Le loyer, l'entretien, le chauffage l'éclairage et le mobilier des » corps de garde ;

» 4° Les frais de registres, papiers, contrôles, billets de garde et tous » les menus frais de bureau qu'exige le service de la garde nationale.

» 5° La solde des majors et adjudants-majors ;

» 6° La solde et l'habillement des tambours et trompettes ;

» Toutes autres dépenses sont facultatives.

» 16. Lorsqu'il est créé des bataillons cantonaux, la répartition de la » portion afférente à chaque commune du canton dans les dépenses

» obligatoires du bataillon, autres que celles des compagnies, est faite
» par le préfet, en Conseil de préfecture, après avoir pris l'avis des Con-
» seils municipaux. Cette répartition a lieu proportionnellement à la
» population de chaque commune et à son contingent dans le principal
» des quatre contributions directes.

» 17. Il y a dans chaque légion ou chaque bataillon, formés par les
» Gardes nationaux d'une même commune, un Conseil d'adminis-
» tration chargé de présenter annuellement au maire l'état des dépenses
» nécessaires pour le service de la Garde nationaleet de viser les pièces
» justificatives de l'emploi des fonds.

» Il y également par bataillon cantonal un conseil d'administration,
» chargé des mêmes fonctions et qui doit présenter au sous-préfet l'état
» des dépenses du bataillon.

» La composition de ces Conseils est déterminée par un règlement
» d'administration publique.

» 18. Dans le département de la Seine, il y a un Conseil d'adminis-
» tration par un nombre de bataillons qui sera déterminé ultérieurement
» par le ministre de l'Intérieur. Il est composé ainsi qu'il suit :

» Un chef de bataillon, président.

» Un officier par bataillon.

» Le major attaché à ces bataillons, sera rapporteur du conseil.

» Un secrétaire chargé, en outre, des écritures pour les conseils de
» discipline.

» Il est nommé un officier payeur pour ce même nombre de ba-
» taillons.

» 19. Le règlement relatif au service ordinaire, aux revues, exercices
» et prises d'armes est arrêté,

» Pour le département de la Seine, par le ministre de l'Intérieur,
» sur la proposition du commandant supérieur ;

» Pour les villes et communes des autres départements, par le maire,
» sur la proposition du commandant de la Garde nationale et sous l'ap-
» probation du sous-préfet ;

» Les chefs pourront, en se conformant à ce règlement, et sans
» réquisition particulière, mais après en avoir prévenu l'autorité mu-
» nicipale, faire toutes les dispositions et donner tous les ordres relatifs
» au service ordinaire, aux revues et aux exercices.

» Dans les villes de guerre, la Garde nationale ne peut prendre les
» armes, ni sortir des barrières qu'après que le maire en a informé par
» écrit le commandant de la place.

» Le tout sans préjudice de ce qui est réglé par les lois spéciales à
» l'état de guerre et à l'état de siège dans les places.

» 20. Lorsque la Garde nationale est organisée en bataillons canto-
» naux et en légions, le règlement sur les exercices est arrêté par le
» sous-préfet, de l'avis des maires des communes et sur la proposition
» du commandant, pour chaque bataillon isolé, et du chef de légion
» pour les bataillons réunis en légion.

» 21. Le préfet peut suspendre les revues et exercices dans les com-

» munes et dans les cantons, à la charge d'en rendre immédiatement » compte au ministre de l'Intérieur.

» 22. Tout Garde national commandé pour le service doit obéir, sauf » à réclamer ensuite, s'il s'y croit fondé, devant le chef de corps.

» 23. Le Titre IV de la Loi du 13 Juin 1851, intitulé Discipline, est » maintenu jusques et y compris l'article 118 de la même Loi.

» Sont abrogées toutes les lois antérieures au présent décret, ainsi » que toutes les dispositions relatives au service et à l'administration » de la Garde nationale, qui y seraient contraires.

IV. — Titre IV, jusques et y compris l'article 118, de la Loi du 13 Juin 1851.

— Le Titre IV de la Loi du 13 Juin 1851, maintenu par la nouvelle Loi, renferme sous le Titre *De la Discipline*, les dispositions suivantes :

Section 1re — *Des Peines.*

» Art. 71. Les chefs de poste ou de détachement peuvent ordonner :

» 1° Une faction, patrouille ou autre service hors tour, contre tout » Garde national qui a manqué à l'appel ou s'est absenté du poste sans » autorisation ;

» 2° La détention dans la prison du poste, jusqu'à la relevée de la » garde, de tout sous-officier, caporal ou garde national de service en » état d'ivresse, ou qui s'est rendu coupable de bruit, tapage, voies de » fait ou de provocation au désordre ou à la violence ; sans préjudice du » renvoi au Conseil de discipline, si la faute emporte une punition plus » grave.

» Art. 72. Les Conseils de discipline peuvent infliger les peines « suivantes : 1° la réprimande ; 2° la réprimande avec mise à l'ordre des » motifs du jugement ; 3° la prison pour six heures au moins et trois » jours au plus, avec ou sans mise à l'ordre ; 4° la privation du grade, » avec mise à l'ordre ; 5° la radiation des contrôles, avec mise à l'ordre.

» S'il n'existe dans la commune ni prison spéciale, pour l'exécution » des jugements du Conseil de discipline, ni local en tenant lieu, la » peine de la prison est remplacée par une amende de un franc à quinze » francs au profit de la commune du contrevenant.

» Art. 73. Est puni, selon la gravité des cas, de l'une des peines » énoncées sous les numéros 1, 2, 3 et 4 de l'article précédent, tout » officier qui, étant de service ou en uniforme, tient une conduite qui » compromet son caractère ou porte atteinte à l'honneur de la Garde » nationale.

» Est puni de l'une des mêmes peines, selon la gravité des cas, tout » officier ou chef de poste qui commet une infraction aux règles du ser-

» vice, à la discipline ou à l'honneur de la Garde nationale, et, notam-
» ment qui contrevient à l'article 6 de la Loi de 1852.

» Art. 74. Est puni de la prison tout officier ou sous-officier, chef » de poste ou de détachement, qui, étant de service, s'est rendu cou- » pable d'inexécution d'ordres reçus ou d'infraction à l'article 7 de la Loi » de 1852;

» De manquement à un service commandé ou d'absence du poste non » autorisée ;

» D'inexactitude à signaler, dans les formes requises, les fautes » commises par ses subordonnés;

» De désobéissance ;

» D'insubordination;

» De manque de respect, de propos offensants où d'insultes envers » les officiers d'un grade supérieur ;

» De propos outrageants envers un subordonné ou d'abus d'autorité.

» Art. 75. Dans le cas ou l'ordre public est menacé, tout garde » national qui, sans excuse légitime, ne se rend pas à l'appel, est puni » d'un emprisonnement qui ne pourra excéder trois jours.

» Tout officier, sous-officier ou caporal est en outre privé de son » grade.

» Le jugement est mis à l'ordre.

» Le conseil de discipline peut, de plus, prononcer contre les con- » damnés la radiation des contrôles du service ordinaire pour un temps » qui n'excédera pas cinq années, et ordonner l'affiche du jugement à » leurs frais.

» Tout garde national rayé des contrôles du service ordinaire est » immédiatement désarmé.

» Art. 76. Peut être puni, selon la gravité des cas, de la répri- » mande, de la réprimande avec mise à l'ordre ou de la prison pour » deux jours au plus, et trois en cas de récidive :

» 1° Tout sous-officier, caporal ou garde national coupable d'inexé- » cution des ordres reçus, de désobéissance, d'insubordination ou de » refus d'un service commandé.

» Sont considérés comme services commandés, non-seulement les » services commandés dans la forme ordinaire, mais encore les prises » d'armes par voie de rappel ou de convocation verbale;

» 2° Tout sous-officier, caporal ou garde national de service qui est » en état d'ivresse, profère des propos offensants contre l'autorité ou » tient une conduite qui porte atteinte à la discipline ou à l'ordre;

» 3° Tout sous-officier, caporal ou garde national de service qui » abandonne ses armes, sa faction ou son poste avant d'être relevé;

» L'arrivée tardive au lieu de rassemblement, l'absence du poste » sans autorisation, et l'absence prolongée au-delà du terme fixé par » l'autorisation, peuvent être considérées comme abandon du poste;

» 4° Tout sous-officier, caporal ou garde national qui enfreint l'article » 5 de la présente loi;

» 5° Tout sous-officier, caporal ou garde national dont l'armement

» est mal entretenu, ou qui ne fait pas son service en uniforme, dans » les communes où l'uniforme est obligatoire.

» Art. 77. Les infractions commises par les officiers de l'état-ma- » jor général, par les majors, adjudants-majors et adjudants sous-offi- » ciers sont punies des peines suivantes :

» Les arrêts simples ;

» Les arrêts forcés avec remise d'armes.

» En aucun cas, ces arrêts n'excèdent dix jours.

» Les arrêts simples peuvent être appliqués par le supérieur à l'in- » férieur.

» Les arrêts forcés ne sont prononcés que par le commandant supé- » rieur ou le chef du corps.

Art. 78. Pour les infractions prévues par l'article 76 de la présente » loi, les tambours-majors, tambours-maîtres, tambours et trompettes » soldés peuvent être punis, par tout officier sous les ordres duquel » ils se trouvent, de la prison pour un temps qui n'excédera pas trois » jours.

» Dans les communes et les cantons, où la garde nationale est formée » en légion ou en bataillon, cette peine peut être, selon les circons- » tances, élevée jusqu'à dix jours de prison par le chef de légion ou le » chef de bataillon.

» Art. 79. Est privé de son grade par le jugement de condamnation » tout officier, sous-officier ou caporal qui, après une première con- » damnation, est, dans les douze mois, puni de la prison, pour une » seconde infraction, par le conseil de discipline.

L'article 80 est abrogé.

» Artt. 81. Le garde national qui vend, détourne ou détruit volon- » tairement les armes de guerre, les munitions ou les effets d'équipe- » ment qui lui ont été confiés, est traduit devant le tribunal de police » correctionnelle et puni de la peine portée en l'article 408 du Code » pénal, sauf l'application de l'article 463 du même Code.

» Le jugement de condamnation prononce la restitution, au profit de » la commune, du prix des armes, munitions ou effets.

» Art. 82. Tout garde national qui, dans l'espace d'une année, a » subi deux condamnations du conseil de discipline, peut être, par » le jugement qui prononce la seconde condamnation, rayé des con- » trôles du service ordinaire, pour deux années au plus, avec mise à » l'ordre.

» Art. 83. Après deux condamnations pour refus de service, le garde » national est, en cas de troisième refus de service dans l'année, tra- » duit devant le tribunal de police correctionnelle, et condamné à un » emprisonnement qui ne peut être moindre de six jours ni excéder » dix jours.

» En cas de récidive dans l'année, à partir du jugement correction- » nel, le garde national est traduit de nouveau devant le tribunal de

» police correctionnelle, et puni d'un emprisonnement qui ne peut être » moindre de dix jours, ni excéder vingt jours.

» Il est, en outre, condamné aux frais et à une amende qui ne peut » être moindre de seize francs, ni excéder trente francs dans le premier » cas, et, dans le deuxième, être moindre de trente francs ni excéder » cent francs.

» Art. 84. Dans le cas où un chef de corps, poste ou détachement » est poursuivi, devant les tribunaux, comme coupable des délits pré- » vus par les articles 234 et 258 du Code pénal, la poursuite entraîne » la suspension; en cas de condamnation, le jugement prononce la perte » du grade.

» SECTION II.— *Des Conseils de discipline.*

» Art. 85. Il y a un conseil de discipline,

» 1° Par bataillon communal ou cantonal;

» 2° Par commune ayant une ou plusieurs compagnies non réunies » en bataillon;

» 3° Par compagnie formée de gardes nationaux de plusieurs com- » munes.

» Art. 86. Dans les villes qui comprennent une ou plusieurs légions, » il y a un conseil de discipline pour juger les colonels et lieutenants- » colonels.

» Art. 87. Le conseil de discipline de la garde nationale d'une com- » mune ayant une ou plusieurs compagnies non réunies en bataillon, » et celui d'une compagnie formée de gardes nationaux de plusieurs » communes sont composés de cinq juges, savoir :

» Un capitaine, président; un lieutenaut ou un sous-lieutenant; un » sergent, un caporal ou un garde national.

» Art. 88. Le conseil de discipline de bataillon est composé de sept » juges, savoir : le chef de bataillon, président; un capitaine, un lieu- » tenant ou un sous-lieutenant, un sergent, un caporal et deux gardes » nationaux.

» Art. 89. Le conseil de discipline pour les colonels et lieutenants » colonels est composé de sept juges, savoir :

» Pour les légions non réunies sous un commandant supérieur :

» Un chef de légion, désigné par le sort, parmi ceux des cinq légions » les plus voisines, président;

» Deux chefs de légion, ou deux lieutenants-colonels, suivant le » grade du prévenu, désignés selon le mode indiqué dans le paragra- » phe précédent;

» Deux chefs de bataillon;

» Deux capitaines.

» Dans le département de la Seine et dans les villes où il existe un » commandant supérieur;

» Le commandant supérieur, président ;
» Deux colonels ou lieutenants-colonels ;
» Deux chefs de bataillon ou d'escadron ;
» Deux capitaines.

« Le commandant supérieur peut déléguer un colonel pour le remplacer comme président,

Art. 90. Lorsque l'inculpé est officier, deux officiers de son grade » entrent dans le conseil de discipline en remplacement des deux derniers membres.

» Si l'inculpé est chef de bataillon, trois officiers de ce grade entrent » dans le conseil de discipline, le plus ancien comme président et les » deux autres comme juges, en remplacement des deux derniers » membres.

» Dans ce cas, comme lorsqu'il y a lieu de compléter le conseil institué par les articles 86 et 89, le sous-préfet, s'il n'y a pas dans la » commune ou dans le ressort du conseil de discipline un nombre suffisant d'officiers du grade de l'inculpé, désigne, par la voie du sort, » parmi les officiers du canton, et, s'il ne s'en trouve pas dans le canton, parmi ceux de l'arrondissement, les juges qui doivent compléter » le conseil de discipline. A défaut, le préfet les désigne, par la voie » du sort, parmi les officiers du département ; ou, s'il ne s'en trouve » pas du grade voulu dans le département, parmi les officiers des départements voisins.

» Art. 91. Il y a, par conseil de discipline de bataillon ou de légion, » un rapporteur et un secrétaire, et autant de rapporteurs et de secrétaires adjoints que les besoins du service l'exigent. Leur nombre, » leur rang et le mode de leur nomination sont déterminés par des décrets du président de la République.

» Art. 92. Les conseils de discipline sont permanents ; ils ne peuvent juger que lorsque cinq membres, au moins, sont présents dans » les conseils de bataillon et de légion, et trois membres au moins » dans les conseils de compagnie.

» Les juges sont renouvelés tous les quatre mois ; néanmoins, à défaut d'autres officiers du même grade, ceux qui en font partie ne » sont pas remplacés.

» Art. 93. Les membres des conseils de discipline sont pris successivement, suivant l'ordre de leur inscription, sur un tableau dressé par » le président du conseil de recensement, assisté du chef de bataillon » ou du capitaine commandant, si les compagnies ne sont pas réunies » en bataillon.

» Ce tableau comprend, d'après le contrôle du service ordinaire, par » grade et par ancienneté : 1° tous les officiers, la moitié des sous-officiers, le quart des caporaux ; 2° un nombre égal de gardes nationaux de chaque bataillon, ou des compagnies de la commune, ou de » la compagnie formée de plusieurs communes.

» Pour les conseils de discipline créés par l'article 86, le préfet ou le

» Sous-Préfet dresse un tableau, par grade, des colonels, lieutenants-» colonels, chefs de bataillon ou d'escadron et capitaines.

» Les tableaux prévus aux deux paragraphes précédents sont déposés » au lieu des séances du conseil de discipline, où chaque Garde natio-» nal peut en prendre connaissance.

» Art. 94. Lorsque la Garde nationale d'une commune ou d'un can-» ton n'a qu'un seul conseil de discipline, les Gardes nationaux faisant » partie des armes spéciales sont justiciables de ce conseil.

» S'il y a plusieurs bataillons dans le même canton, les Gardes na-» tionaux des armes spéciales sont justiciables du même conseil de dis-» cipline que les compagnies de leur commune.

» S'il y a plusieurs bataillons dans la même commune, le Préfet dé-» termine de quel conseil de discipline ces Gardes nationaux sont jus-» ticiables.

» Dans ces trois cas, les officiers, sous-officiers, caporaux et Gardes » nationaux des armes spéciales concourent pour la formation du ta-» bleau du conseil de discipline.

» Art. 95. Tout Garde national qui a été condamné deux fois par le » conseil de discipline, ou une fois par le tribunal de police correction-» nelle, est rayé pour une année du tableau servant à former le con-» seil de discipline.

SECTION III. — *De l'Instruction et des Jugements.*

« Art. 96. Le conseil de discipline est saisi, par le renvoi que lui » fait le chef de corps, de tous les rapports, procès-verbaux ou plaintes » constatant les faits qui peuvent donner lieu à une poursuite.

» Lorsqu'il y aura lieu à poursuite contre le chef de corps, le con-» seil de discipline sera saisi par le Préfet.

» Art. 97. L'officier rapporteur fait citer l'inculpé.

» La citation est portée à domicile par un agent de la force publique. » Si cet agent appartient à un corps soldé, il ne peut être employé que » sur la réquisition de l'autorité municipale.

» Art. 98. En cas d'absence, tout membre du conseil de discipline » non valablement excusé est condamné par le conseil de discipline » à une amende de cinq francs à quinze francs au profit de la commune » du contrevenant, et il est remplacé par l'officier, sous-officier, capo-» ral ou Garde national qui doit être appelé immédiatement après lui.

» Dans les conseils de discipline des bataillons cantonaux, le juge » absent est remplacé d'après l'ordre du tableau, par un officier, sous-» officier, caporal ou Garde national du lieu où siège le conseil.

» Art. 99. Le Garde national cité comparaît en personne ou par un » fondé de pouvoir.

» Il peut être assisté d'un conseil.

» Art. 100. Si le prévenu ne comparaît pas au jour et à l'heure fixés » par la citation, il est jugé par défaut.

» L'opposition au jugement par défaut doit être formée dans le délai

» de trois jours, à compter de la notification du jugement. Cette opposition peut être faite par déclaration au bas de la signification. L'opposant est cité pour comparaître à la plus prochaine séance du conseil de discipline.

» S'il n'y a pas opposition, ou si l'opposant ne comparaît pas à la séance indiquée, le jugement par défaut devient définitif.

» Art. 101. L'instruction de chaque affaire devant le conseil est publique, à peine de nullité.

» La police de l'audience appartient au président, qui peut faire expulser ou arrêter quiconque troublerait l'ordre.

» Si le trouble est causé par un délit, il est dressé procès-verbal par le secrétaire sur l'ordre du président.

» L'auteur du trouble est jugé immédiatement par le conseil si c'est un Garde national, et si la faute n'emporte qu'une peine que le conseil puisse prononcer.

» Dans tout autre cas, le procès-verbal est transmis au procureur de la République, et, s'il y a lieu, le délinquant est mis à la disposition de ce magistrat.

» Art. 102. L'instruction devant le conseil a lieu de la manière suivante :

» Le secrétaire appelle l'affaire.

» En cas de récusation, le conseil statue. Si la récusation est admise, le président appelle, selon les règles établies par l'article 98, les juges suppléants nécessaires pour compléter le conseil.

» Si le prévenu décline la juridiction du conseil de discipline, le conseil statue d'abord sur sa compétence ; s'il se déclare incompétent, l'affaire est renvoyée devant qui de droit.

» Les témoins, s'il en a été appelé par le rapporteur ou l'inculpé, sont entendus, après avoir prêté le serment prescrit par l'article 155 du Code d'instruction criminelle.

» En cas de non-comparution, tout témoin non valablement excusé est condamné, par le conseil de discipline, à une amende de un franc au moins, et de quinze francs au plus.

» Le prévenu ou son conseil est entendu.

» Le rapporteur donne ses conclusions.

» L'inculpé ou son fondé de pouvoir et son conseil peuvent présenter leurs observations.

» Le conseil délibère en secret et hors de la présence du rapporteur; le jugement est motivé ; il est prononcé en séance publique, et signé du président et du secrétaire du conseil.

» Art. 103. Les mandats d'exécution du jugement des conseils de discipline sont délivrés dans la même forme que ceux des tribunaux de simple police.

» Toutefois, les agents de la force publique n'ont droit à aucune espèce d'indemnité pour la notification de même que pour l'exécution forcée des jugements emportant la peine de l'emprisonnement.

» Art. 104. Il n'y a de recours contre les jugements définitifs des

» conseils de discipline que devant la cour de cassation, pour incompétence, excès de pouvoir ou violation de la loi.

» Le pourvoi en cassation est suspensif à l'égard des jugements prononçant soit l'emprisonnement, soit une autre peine avec mise à l'ordre, dans les cas prévus par les n°s 2, 4 et 5 de l'article 72.

» Le condamné est dispensé de la mise en état.

» Dans tous les cas ce recours n'est assujetti qu'à l'amende de cinquante francs pour les jugements contradictoires, et de vingt-cinq francs pour les jugements par défaut.

» L'amende sera déposée dans les dix jours du pourvoi, sous peine de déchéance.

» ART. 105. Le condamné a trois jours francs, à partir du jour de la notification, et le rapporteur a le même délai, à partir de la prononciation du jugement, pour se pourvoir en cassation.

» ART. 106. Les jugements des conseils de discipline ne peuvent, en aucun cas, prononcer de condamnation aux dépens.

» Tous actes de poursuite devant les conseils de discipline, tous jugements, recours et arrêtés rendus en vertu de la présente loi, sont dispensés du timbre et enregistrés gratis.

TITRE V. — DES DÉTACHEMENTS DE LA GARDE NATIONALE.

SECTION 1re. — *Appel et service des détachements.*

« ART. 107. La Garde nationale doit fournir des détachements :

» 1° En cas d'insuffisance de la gendarmerie et de la troupe de ligne, pour escorter, d'une ville à l'autre, les convois de poudre, de fonds ou d'effets appartenant à l'Etat, et pour la conduite des accusés, des condamnés et autres prisonniers ;

» 2° Pour porter secours aux communes, arrondissements et départements voisins qui seraient troublés ou menacés par des émeutes, des séditions ou par des associations de malfaiteurs ;

» 3° Pour porter secours d'un lieu dans un autre pour le maintien ou le rétablissement de l'ordre et de la paix publique.

» ART. 108. Lorsque, dans les cas prévus par l'article précédent, des détachements de la Garde nationale en service ordinaire doivent agir dans toute l'étendue de l'arrondissement, ils sont mis en mouvement sur la réquisition du Sous-Préfet, et s'ils doivent agir dans toute l'étendue du département, sur la réquisition du Préfet ; si leur action doit s'étendre hors du département, ils sont mis en mouvement en vertu d'un décret du Président de la République.

» Les contingents communaux sont réunis par canton, et les contingents cantonaux par arrondissement, sous le commandement d'un officier supérieur en grade aux commandants particuliers des détachements communaux et cantonaux ; cet officier est désigné par le Préfet ou le Sous-Préfet.

» Un officier général ou supérieur de la Garde nationale est investi,

» par le Préfet, du commandement supérieur de la réunion des détache- » ments de tout un département.

» En cas d'urgence et sur la demande écrite du maire d'une commune » en danger, les maires des communes limitrophes, sans distinction » de département, peuvent requérir un détachement de la Garde na- » tionale de marcher immédiatement sur le point menacé, sauf à rendre » compte, dans le plus bref délai, du mouvement et des motifs à l'au- » torité supérieure.

» Dans tous ces cas, l'autorité militaire ne prend le commandement » des détachements de la Garde nationale que sur la réquisition de l'au- » torité administrative.

» Art. 109. L'acte en vertu duquel, dans les cas déterminés par les » deux articles précédents, la Garde nationale est appelée à faire un » service de détachement, fixe le nombre des hommes requis.

» Art. 110. Lors de l'appel fait conformément aux articles précé- » dents, le maire, assisté du commandant de la Garde nationale de » chaque commune, désigne, parmi les hommes inscrits sur le contrôle » du service ordinaire, ceux qui devront faire partie du détachement, » en commençant par les célibataires et les moins âgés.

» Art. 111. Lorsque les détachements des Gardes nationales s'é- » loignent de leurs communes pendant plus de vingt-quatre heures, » ils sont assimilés à la troupe de ligne pour la solde, l'indemnité de » route et les prestations en nature.

» Art. 112. Les détachements à l'intérieur ne peuvent être requis » de faire, hors de leurs foyers, un service de plus de dix jours, que » sur la réquisition du Sous-Préfet ; un service de plus de vingt jours, » que sur la réquisition du Préfet ; et un service de plus de soixante » jours, qu'en vertu d'un décret du Président de la République.

SECTION II. — *Discipline.*

» Art. 113. Lorsque, conformément à l'article 108, la Garde natio- » nale doit fournir des détachements en service ordinaire, sur la réqui- » sition du Sous-Préfet, du Préfet, ou en vertu d'un décret, les peines » de discipline sont fixées ainsi qu'il suit :

» Pour les officiers, 1° les arrêts simples pour dix jours au plus ; 2° » la réprimande avec mise à l'ordre ; 3° les arrêts de rigueur pour six » jours au plus ; 4° la prison pour six jours au plus.

» Pour les sous-officiers, caporaux et soldats, 1° la consigne pour » dix jours au plus ; 2° la réprimande avec mise à l'ordre ; 3° la salle » de discipline pour six jours au plus ; 4° la prison pour six jours au » plus.

» Art. 114. Les arrêts de rigueur, la prison et la réprimande avec » mise à l'ordre ne peuvent être infligés que par le chef de corps ; les » autres peines peuvent l'être par tout supérieur à son inférieur, à la » charge d'en rendre compte dans les vingt-quatre heures, en obser- » vant la hiérarchie des grades.

» Art. 115. La privation du grade pour les causes énoncées dans les » articles 75 et 79 ne peut être prononcée que par le conseil de discipline, composé, selon les cas, conformément à la section II du titre IV.

» Il n'y a qu'un seul conseil de discipline pour tous les détachements » du même arrondissement de sous-préfecture. Les membres sont nommés par le commandant supérieur des détachements.

» Art. 116. Tout Garde national qui, désigné pour faire partie d'un » détachement, refuse d'obtempérer à la réquisition ou quitte le détachement sans autorisation, est traduit en police correctionnelle, et » puni d'un emprisonnement qui ne peut être inférieur à dix jours ni » excéder trois mois ; s'il est officier, sous-officier ou caporal, il est, » en outre, privé de son grade.

TITRE VI. — DES CORPS MOBILISÉS.

» Art. 117. Il sera pourvu par une loi spéciale à l'organisation et » au service de la Garde nationale mobilisée.

TITRE VII. — DISPOSITIONS SPÉCIALES.

« Art. 118. Les Gardes nationaux blessés dans l'accomplissement » de leur service, leurs veuves et leurs enfants auront droit à des » pensions, secours et récompenses qui seront déterminés par des lois » spéciales. »

RÈGLEMENT DISCIPLINAIRE.

Le Général Commandant Supérieur voulant régulariser et rendre uniforme dans tous les Conseils de discipline de la Seine la marche de l'action disciplinaire, arrête ce qui suit :

§ 1er. — *Procédure devant les Conseils de discipline.*

Art. 1er.

Modèle N° 1. — Le Conseil de discipline est saisi par l'ordre de renvoi fait par le Commandant supérieur, contenant toutes les indications exigées par le modèle de la feuille de renvoi.

Cet ordre, les rapports et autres pièces à l'appui, sont transmis au Capitaine-Rapporteur.

Art. 2.

Modèle N° 2. — Le Chef de Bataillon, sur la réquisition du Rapporteur fixe le jour de la Séance.

Les Juges sont convoqués par le Président ou par son ordre.

Le Conseil est réuni toutes les fois que les besoins du service l'exigent.

Art. 3.

Modèle N° 3. — Le Capitaine-Rapporteur fait citer tous les prévenus portés sur la feuille de renvoi.

Les originaux des mandats de citation sont faits par le Capitaine-Rapporteur. Ils peuvent être collectifs. Ils contiennent toutes les formalités exigées pour la validité des exploits ; chaque citation porte un numéro qui est reporté sur chacun des actes de la procédure.

Modèles Nos 4 et 5. — Les copies de citation sont individuelles ; elles sont signifiées par l'agent de la force publique à chaque Garde national.

Modèle N° 6. — Lorsque le Capitaine-Rapporteur juge utile de faire appeler des témoins, ou lorsque le Conseil l'a ordonné, la citation est donnée en la même forme, mais sur des formules spéciales.

Les citations à témoin portent le numéro de l'affaire dans laquelle ces témoins doivent être entendus.

L'original ou les originaux des citations sont soumis à l'enregistrement et remis au Secrétaire.

ART. 4.

Le tableau des Membres du Conseil de discipline demeure affiché dans la salle des séances du Conseil.

ART. 5.

A l'ouverture de la séance, le Secrétaire fait l'appel des Membres convoqués pour siéger.

Les membres absents et dont la présence est nécessaire pour que le Conseil soit en nombre suffisant pour juger, sont remplacés suivant le mode prescrit par la Loi.

Le Capitaine-Rapporteur peut être remplacé par l'un des membres du Conseil ayant le grade correspondant, ou s'en rapprochant le plus.

Le Secrétaire peut être remplacé même par un simple Garde national du bataillon.

Il n'est statué qu'à la fin de la séance sur les réquisitions que le Capitaine-Rapporteur croit devoir faire contre les membres absents.

ART. 6.

Le Conseil peut siéger tous les jours, même les jours fériés.

Les membres du Conseil siégent en uniforme : les Officiers en tenue de service, les Sous-Officiers, Caporaux et Gardes avec le ceinturon et le sabre.

Le Tambour-Maître du bataillon exerce près le Conseil les fonctions d'Appariteur.

ART. 7.

La police de l'audience appartient au Président.

Tout ce qu'il ordonne pour le maintien de l'ordre est exécuté ponctuellement et à l'instant. Il peut, à cet effet, faire au chef du poste toutes les réquisitions qu'il juge convenables, et celui-ci doit y déférer immédiatement.

Tout ordre d'arrestation d'un individu troublant l'audience est rédigé par écrit et signé par le Président qui en donne avis immédiat à l'Etat-Major Général.

Le Conseil de discipline prononce, séance tenante, sur les faits commis à l'audience, si le délinquant appartient au bataillon et si le fait incriminé est de la compétence du Conseil. Le jugement est transcrit sur le registre-minute.

Les procès-verbaux constatant des faits qui excèdent la compétence du Conseil, sont immédiatement envoyés par le Président à l'Etat-Major Général.

ART. 8.

L'instruction devant le Conseil a lieu de la manière indiquée par l'article 102 de la loi.

Chaque cause est appelée dans l'ordre fixé par le Président.

Lorsque le prévenu élève à l'audience une question préjudicielle, le Conseil doit statuer sur cette question par une disposition spéciale, mais qui peut se trouver dans le jugement même du fond.

Si le prévenu propose une exception d'incompétence, le Conseil prononce d'abord et par jugement séparé sur sa compétence, et statue ensuite sur le fond.

ART. 9.

Toute personne comparaissant devant le Conseil de discipline comme mandataire d'un Garde national cité, doit justifier de cette qualité par une procuration authentique ou sous signature privée. Cette procuration est annexée, par le Secrétaire, à la feuille d'audience ou à la minute du jugement.

Si le comparant ne justifie pas de pouvoirs réguliers, la cause est jugée par défaut.

ART. 10.

Tout jugement du Conseil de discipline est rendu à la majorité des voix, lesquelles sont recueillies par le Président dans l'ordre inverse des grades, et à grade égal dans l'ordre inverse des âges.

En cas de partage, l'inculpé est renvoyé des fins du rapport.

ART. 11.

Modèle N° 7. — Le Secrétaire du Conseil tient note du prononcé du jugement.

Il tient en outre une feuille de chaque audience.

Dans les trois jours de la séance, le Secrétaire du Chef de Bataillon est tenu de faire une copie de cette feuille, de la faire certifier par le Secrétaire du Conseil de discipline et de la remettre au Chef de Bataillon pour être transmise à l'Etat-Major Général.

ART. 12.

Modèle N° 8. — Tous jugements rendus par le Conseil de discipline sont motivés ; ils sont portés par le Secrétaire sur le registre-minute qui a dû recevoir, dans l'ordre des numéros des citations, toutes les énonciations qu'il était possible d'y inscrire à l'avance.

Chaque jugement est signé par le Président et le Secrétaire ; il est soumis à l'enregistrement dans le délai de vingt jours et avant la délivrance d'aucune grosse, expédition ou extrait.

ART. 13.

Modèles Nos 9, 10, 11. — Une copie de chaque jugement portant condamnation, même à la réprimande, est faite par le Secrétaire et signifiée par l'agent de la force publique à la partie condamnée dans la quinzaine de la prononciation.

L'original ou les originaux de signification, également faits par le Secrétaire, sont soumis à l'enregistrement.

ART. 16.

Modèle N° 12. — Huit jours après la signification des jugements, le Secrétaire remet au Capitaine-Rapporteur la liste des causes remises, les oppositions reçues ainsi que les extraits des jugements qui ont prononcé la prison, l'amende, la réprimande avec mise à l'ordre, la privation du grade ou la radiation des contrôles.

ART. 17.

Le Capitaine-Rapporteur met au bas de chaque extrait son réquisitoire à fin d'exécution, et le transmet à l'Etat-Major Général.

Cette transmission doit avoir lieu dans les trente jours de la date du jugement, et plus tôt si c'est possible.

§ 2. — *Des Oppositions.*

ART. 18.

Le Garde national condamné par défaut a trois jours francs, à compter de la signification du jugement, pour y former opposition.

L'opposition est formée entre les mains du Secrétaire du Conseil, soit par lettre, soit par déclaration mise sur la copie signifiée.

Modèle N° 13. — Les oppositions formées après l'expiration du délai sont reçues par le Secrétaire qui en transmet un récépissé au Capitaine-Rapporteur. Ce dernier en informe immédiatement l'Etat-Major Général.

ART. 19.

Le Capitaine-Rapporteur fait citer tous les opposants pour l'audience du Conseil la plus prochaine.

Si l'opposition n'a pas été formée dans le délai légal, le Conseil statue sur la recevabilité de l'opposition par une disposition séparée.

§ 3. — *Des Pourvois en cassation.*

ART. 20.

Modèle N° 14. — Il y a par Conseil de discipline un registre destiné à recevoir les déclarations de pourvois en cassation. Ce registre est tenu par le Secrétaire et reste déposé entre ses mains.

Le Secrétaire conserve le pourvoi pendant dix jours et reçoit, pendant ce délai, les pièces et mémoires que la partie peut fournir.

ART. 21.

Après ce délai, le Secrétaire transmet au Capitaine-Rapporteur le dossier contenant :

Modèle N° 15. 1° Extrait du Registre des Pourvois ;
2° — de l'original de la citation ;
3° — de la feuille de renvoi ;
4° — du rapport ;

Modèle N° 16. 5° Expédition du jugement attaqué ;
6° Extrait de l'acte de signification ;
7° Mémoire du demandeur ; } s'il y a lieu.
8° — du rapporteur ; } s'il y a lieu.
Id. *N°* 17. 9° Inventaire des pièces composant le dossier.

Le Capitaine-Rapporteur transmet le dossier à l'Etat-Major Général dans la quinzaine de la déclaration du pourvoi.

ART. 22.

Le Capitaine-Rapporteur doit se pourvoir contre tout jugement du Conseil de Discipline qui lui paraît entaché d'incompétence, d'excès de pouvoir ou de contravention à la loi.

Le pourvoi du Capitaine-Rapporteur doit être notifié à la partie dans la même forme que les mandats de citation.

L'original de la notification doit être joint aux pièces transmises à l'Etat-Major Général.

ART. 23.

L'arrêt de la Cour de Cassation est transcrit, quel qu'il soit, sur le registre-minute en marge du jugement attaqué.

ART. 24.

En cas de cassation, le Capitaine-Rapporteur près le Conseil saisi par l'arrêt de renvoi fait signifier cet arrêt à la partie en tête de la citation, à moins que cette signification n'ait déjà été faite.

§ 4. — *Des Renvois pour Incompétence.*

ART. 25.

Toutes les fois que le fait imputé à l'inculpé n'est pas de la compétence du Conseil de Discipline, le Conseil, sur la réquisition du Rapporteur, et même d'office, doit déclarer son incompétence.

ART. 26.

Le Secrétaire transmet au Capitaine-Rapporteur le dossier de l'affaire, composé des pièces suivantes :

1° Expédition du jugement d'incompétence ;
2° Id. de la feuille de renvoi ;
Modèle N° 18. 3° Id. des rapports ;
Id. *N°* 19. 4° Inventaire des pièces du dossier.

S'il y a lieu à renvoi devant le Tribunal Correctionnel, conformément aux dispositions de l'art. 83 de la Loi du 13 Juin 1851, les expéditions des deux jugements disciplinaires rendus contre l'inculpé, ainsi que les significations, sont jointes au dossier.

Le Rapporteur envoie le dossier à l'Etat-Major Général dans le mois de la déclaration d'incompétence.

ART. 27.

Tout Garde national traduit devant le Tribunal Correctionnel, inculpé de nouveaux manquements au service dans le cours d'une année (12 mois) à partir de la première condamnation disciplinaire ; sera de nouveau traduit devant le Tribunal Correctionnel.

§ 4. — *Répertoire disciplinaire.*

ART. 28.

Modèle Nº 20. — Le Secrétaire de chaque Conseil de Discipline tient un registre répertoire disciplinaire alphabétique (divisé en 24 parties).

Chaque Garde national cité au Conseil est inscrit sur le répertoire disciplinaire ; le jugement y est sommairement analysé.

Le répertoire disciplinaire est mis à jour dans la quinzaine qui suit chaque séance du Conseil. Il reste ensuite déposé à la subdivision.

Dans les bataillons de la banlieue, le répertoire disciplinaire reste déposé à la Mairie de la Commune, chef-lieu du bataillon.

Pendant la séance du Conseil, le répertoire est placé sur le bureau.

§ 5. — *Recours en Grâce.*

ART. 29.

Tout Garde national condamné qui veut recourir à la clémence du Chef de l'Etat doit déposer sa pétition à l'Etat-Major Général. Cette pétition est renvoyée au Chef de Bataillon qui la communique :

1° Au Capitaine de la Compagnie ;

2° Au Capitaine-Rapporteur ;

Chacun de ces officiers donne son avis écrit et motivé, ainsi que le Chef de Bataillon qui retourne ensuite le recours à l'Etat-Major Général.

§ 6. — *Imprimés.*

ART. 30.

Les Rapporteurs et Secrétaires près les Conseils de discipline doivent se conformer exactement au présent règlement.

Il leur est expressément interdit d'employer, pour les écritures, des imprimés autres que ceux adoptés par l'Etat-Major Général, et dont les modèles sont joints au présent.

Les imprimés sont délivrés par le Major de la subdivision sur des bons signés par les Rapporteurs ou Secrétaires qui en feront la demande.

§ 7. — *Inspection.*

ART. 31.

Chaque année, et plus souvent s'il le juge utile, le Général Commandant Supérieur fera faire une inspection des registres et écritures tenus dans chaque Conseil de discipline des bataillons soumis à son commandement.

Dans le cas où ces inspections signaleraient des irrégularités dans les écritures ou l'inobservation des prescriptions du présent règlement, le Général Commandant Supérieur prendrait telle mesure qu'il jugerait nécessaire pour assurer sa pleine et entière exécution.

Paris, le 18 juin 1852.

Le Général de Division, Commandant Supérieur de la Garde Nationale de la Seine,

Signé : Mis DE LAWOESTINE.

Pour ampliation :

Le Chef d'Etat-Major Général.

TITRE II

DE LA GARDE NATIONALE SOUS LE DÉCRET DU 11 JANVIER 1852.

DISPOSITIONS GÉNÉRALES.

I. Réorganisation de la Garde nationale. — II. Son but. — III. Organisation communale.— IV. Service obligatoire. Personnes faisant partie de la Garde nationale. Service dû au domicile réel. — V. Incompatibilités. Extranéité. — VI. Exclusions. Réhabilitation. — VII. Exemptions. — VIII. Dispenses. Dispenses temporaires.

I. — Réorganisation de la Garde nationale.

Le décret du 11 janvier 1852 après avoir déclaré les Gardes nationales dissoutes, les a réorganisées sur de nouvelles bases jugées nécessaires pour la défense de l'ordre public.

C'est l'ensemble de ce décret que nous allons tout d'abord analyser avant d'aborder l'article 23 relatif à la discipline.

II. — But de la Garde nationale.

De la loi du 13 juin 1851 et du décret du 11 janvier 1852, il résulte que la Garde nationale telle qu'elle est instituée a pour but, comme force publique, le maintien de l'ordre public. Elle doit défendre l'Etat contre l'insurrection, enfin elle peut, mais en France seulement, être appelée à agir comme auxiliaire de l'armée.

III. — Organisation communale.

Aujourd'hui la Garde nationale n'est plus comme sous la législation précédente *universelle* et *permanente*, puisque le pouvoir peut l'organiser là où il le juge nécessaire, la dissoudre, la suspendre et ne pas la rétablir ; mais elle a toujours son organisation *communale*.

Elle est placée sous l'autorité des Maires, des Sous-Préfets, des Préfets et du Ministre de l'Intérieur. Par suite, aucune réunion de Gardes nationaux ne peut avoir lieu avec ou sans armes, avec ou sans uniforme, sans un ordre des chefs immédiats, qui eux-mêmes chargés seulement de l'exécution des règlements de l'ordre de service, ne peuvent donner cet ordre sans une réquisition de l'autorité civile.

Les Gardes nationaux ne doivent pas être considérés comme formant des corps constitués et délibérants ; mais dans l'exercice de leurs fonctions, ils sont regardés comme agents de l'autorité publique : et les injures qui peuvent leur être adressées publiquement relativement à leur service, constituent le délit prévu et réprimé par les articles 16 et 19 de la loi du 17 mai 1819.

IV. — Service obligatoire. — Personnes faisant partie de la Garde nationale. — Service dû au domicile réel.

Il faut pour faire partie de la Garde nationale remplir différentes conditions, et y être appelé par le conseil de recensement. Toutefois, le service est *obligatoire* pour tout Français âgé de 25 à 50 ans, et pour les étrangers jouissant des droits civils, dès qu'ils ont été jugés aptes par le Conseil de recensement.

Le service est dû au domicile *réel* et non au domicile fictif ou légal ; c'est-à-dire au domicile tel que le définit le Code civil, là où est d'idée et de fait le principal établissement ; excluant ainsi toute la population nomade des locataires en garnis.

Bien des difficultés ont été soulevées relativement à ces questions de domicile. Mais quoi qu'elles soient, en grande partie, abandonnées à l'appréciation des Conseils de recensement, du Jury de révision ou du Conseil d'Etat, il n'y a qu'une idée qui doit servir de guide, c'est celle du Législateur qui a voulu que le service de la Garde nationale fut dû dans le lieu du domicile ou de la résidence, c'est-à-dire là où l'on réside le plus constamment. Ces questions de domicile sont tranchées par le Conseil de recensement en première instance et en appel par le Jury de révision.

Toutefois, si l'expression de domicile réel, opposée à celle de résidence habituelle, ne permet pas de douter que le service de la Garde nationale ne soit dû par chaque citoyen dans le lieu de son principal établissement, nous verrons en consultant la circulaire ministérielle du 15 septembre 1851, titre III, p. 3 et 4, que le service de la Garde nationale n'est pas seulement obligatoire dans la commune du domicile réel, mais qu'on peut également y être astreint dans une commune, autre que celle de ce domicile, où l'on réside habituellement une partie de l'année (Loi 13 juin 1851, art. 13, § 3 et § 4). La résidence, ajoute la circulaire, qui n'est pas continue a besoin pour être considérée comme habituelle, d'exister en fait, non pas une partie de chaque année, mais habituellement une partie de l'année. Il s'ensuit que le citoyen inscrit au contrôle du service ordinaire de la Garde nationale dans la commune de son domicile réel, qui vient passer quelques mois dans une autre commune, ne doit pas à raison de ce premier séjour, y être soumis au service; mais, si, après avoir passé plusieurs mois dans cette commune il y revient l'année suivante, il y a commencement de résidence habituelle. Ce citoyen pourrait dès lors être inscrit au contrôle ordinaire; mais le Conseil de recensement a à examiner si le bien du service l'exige, et si le fait de résidence pendant une partie de l'année est déjà suffisamment établi.

Les Conseils de recensement doivent remarquer, 1° que par ces mots *peuvent être, en outre inscrits*, etc., la loi de 1851, décide que pour qu'un citoyen puisse être tenu au service de la Garde nationale dans une commune où il réside habituellement une partie de l'année, il faut que ce citoyen soit déjà inscrit au contrôle du service ordinaire dans la commune de son domicile réel. La loi du reste, donne là une facilité, mais n'impose pas l'obligation de soumettre un citoyen au service de la Garde nationale dans deux communes différentes.

A côté de l'obligation du service, la loi reconnaît des incompatibilités, prononce des exclusions, admet des exemptions et des dispenses.

V. — Incompatibilités.

L'Incompatibilité est une exception d'ordre public qui, à cause de la sévérité avec laquelle elle est appliquée, se trouve restreinte dans d'étroites limites.

La loi du 13 juin 1851 portait article 17 : « Le service de la » Garde nationale est incompatible avec les fonctions qui con- » fèrent le droit de requérir la force publique. » Cet article est encore appliqué aujourd'hui, mais il ne peut être invoqué par tous les fonctionnaires qui n'ont qu'exceptionnellement ce droit de réquisition.

Les personnes frappées d'Incompatibilité par suite de leurs fonctions sont : les membres du parquet ; les juges d'instruction ; les juges de paix ; les suppléants de juges de paix ; les préfets de police ; les maires (1) ; les adjoints ; les préfets et sous-préfets.

Extranéité. — La qualité d'étranger ne jouissant pas des droits civils est aussi une Incompatibilité. En effet, d'après l'article 8 du décret du 11 janvier 1852, les étrangers admis à la jouissance des droits civils conformément à l'article 13 du Code civil peuvent être appelés à faire partie de la Garde nationale, s'ils réunissent d'ailleurs toutes les conditions d'aptitude exigées du citoyen Français.

Voici à ce sujet, les termes de l'instruction spéciale adressée par M. le Ministre de l'Intérieur, dans le § 7 du titre Ier de la circulaire du 15 septembre 1851.

« L'article 19 de la loi du 13 juin 1851 laisse à cet égard, au » Conseil de recensement une faculté d'appréciation discrétion- » naire, mais, dans certains cas, l'Etranger est fondé à contes- » ter son inscription et à demander sa radiation. L'exception » d'extranéité, lorsqu'elle est légalement justifiée, et *lorsqu'il* » *n'est pas établi que l'Etranger a été admis à la jouissance des droits* » *civils, est péremptoire ;* elle n'est pas seulement pour lui un

(1) La loi du 5 mai 1855 sur l'organisation municipale porte : « Il y a » incompatibilité entre les fonctions de maire et d'adjoint et le service de » la Garde nationale. » Cette loi est venue annuler l'ancienne jurisprudence. Voir arrêt du 16 mars 1837.

» droit de se dispenser du service de la Garde nationale, *elle est » aussi un empêchement légal à son inscription sur les contrôles.*

» Cette exception peut être également proposée par l'Etranger » même admis à la jouissance des droits civils, lorsqu'il existe » entre son pays et la France des conventions ou des traités sti- » pulant pour les Nationaux une exemption réciproque du ser- » vice de la Garde nationale, de milice ou de toute autre force » publique assimilable à la Garde nationale.

» Le refus par les Conseils de recensement ou les jurys de ré- » vision de faire droit à l'exception invoquée dans les deux cas » ci-dessus, constituerait une violation de la loi. »

Pour nous, il est bien évident que la faculté d'appréciation discrétionnaire laissée au Conseil de recensement, ne regarde que les Etrangers qui jouissent des droits civils; pour ceux-là, ils peuvent les porter sur les contrôles, ou les omettre si cette mesure leur semble préférable ; quant aux Etrangers qui ne sont pas admis à la jouissance des droits civils, le Conseil de recensement ne doit pas les porter sur les contrôles, car l'Extranéité est un empêchement légal à cette inscription : c'est une exception péremptoire, et ne pas la respecter c'est violer la loi. De plus, si l'Etranger peut en tout état et cause invoquer cette exception, c'est au Conseil, s'il porte un Etranger sur les contrôles, à prouver qu'il jouit des droits civils : aussi ne doit-il faire cette inscription que lorsqu'il peut apporter des preuves certaines.

Ces principes découlent des termes eux-mêmes de cette circulaire ; les Conseils de recensement ne doivent donc inscrire un Etranger sur les contrôles qu'après qu'ils se sont assurés que cet individu a été autorisé à établir son domicile en France. Or, c'est le contraire qui a lieu habituellement. On recense d'abord, puis on veut mettre l'Etranger en demeure de prouver qu'il ne jouit pas de ses droits civils en France. C'est une manière de procéder contre laquelle on ne saurait trop protester.

Les principaux traités internationaux dans lesquels se trouvent des dispositions exonérant les sujets respectifs du service de la Garde nationale, sont les suivants :

Portugal.	—	Traité	du 9 mars 1853.	—	Article 1er.
Espagne.	—	id.	du 7 janvier 1862.	—	id. 4.
Russie.	—	id.	du 14 juin 1857.	—	id. 2.
Suisse.	—	id.	du 13 juin 1864.	—	id. 4.
Chili.	—	id.	du 16 septemb. 1846.	—	id. 3.
Pérou.	—	id.	du 9 mars 1862.	—	id. 3.
Nouvelle-Grenade.	—	id.	du 15 mars 1856.	—	id. 5.
Venézuéla.	—	id.	du 25 mars 1843.	—	id. 3.
Guatemala.	—	id.	du 8 mars 1848.	—	id. 4.
Equateur.	—	id.	du 6 juin 1843.	—	id. 4.
Bolivie.	—	id.	du 9 décemb. 1834.	—	id. 3.
Honduras.	—	id.	du 22 février 1856.	—	id. 4.
Salvador.	—	id.	du 2 janvier 1858.	—	id. 5.
Nicaragua.	—	id.	du 11 avril 1859.	—	id. 4.
Italie.	—	id.	du 21 février 1868.	—	

Si en dehors de cette liste d'autres traités existent, il est certain que les appelés ont toujours la faculté d'exciper de ces conventions et d'en invoquer le bénéfice.

« Quand aux Etrangers admis à la jouissance des droits civils, » ajoute la circulaire ministérielle du 15 septembre 1851, et qui » n'opposent point à leur inscription une exception tirée d'un » traité international, il convient d'user avec beaucoup de ré- » serve de la faculté de les appeler au service de la Garde na- » tionale en France. Cet appel ne doit être fait qu'en vue de l'a- » vantage réel qui peut résulter, pour la bonne composition de » la Garde nationale, de l'introduction dans ses rangs, des per- » sonnes ayant identifié leurs intérêts avec ceux de leur pays » d'adoption, et que l'estime publique entoure d'une considéra- » tion méritée. »

L'exemption tirée de l'extranéité étant péremptoire, elle peut être invoquée en tout état de cause.

C'est au Conseil de recensement seul, sauf recours au Jury de révision qu'il appartient de décider quels sont les Etrangers qu'il convient de recenser parmi ceux autorisés à établir leur domicile en France.

Il faut cependant remarquer que l'Etranger ne saurait être réputé légalement domicilié en France, quelque prolongée que soit sa résidence dans ce pays, lors même qu'il y aurait formé un établissement, *s'il n'a pas obtenu l'autorisation du Gouvernement* d'y établir son domicile : aussi a-t-il été jugé 1° que l'Etranger qui n'a pas été admis à la jouissance des droits civils, peut refuser de faire le service de la Garde nationale sans encourir de peine (Cass., ch. cr. : 24 janvier 1835) ; 2° que les Etrangers non naturalisés, bien que demeurant en France, ne devant pas faire partie de la Garde nationale ne pouvaient être condamnés pour manquement à ce service (Cass., ch. cr : 10 juillet 1834 — 25 août 1832) ; 3° qu'ils peuvent exciper de leur qualité en tout état de cause, et qu'on ne peut repousser leur exception sous prétexte qu'ils n'auraient pas obtenu leur radiation (Cass., ch. cr. : 10 juillet 1834) ; 4° qu'en d'autres termes, l'exception d'extranéité est péremptoire, de sorte que l'Etranger peut se prévaloir de sa qualité, pour se dispenser du service de la Garde nationale, devant le Conseil de discipline encore qu'il aurait été maintenu sur les contrôles par le Conseil de recensement et le Jury de révision ; et que le Conseil de discipline ne peut lui infliger de peine s'il justifie de sa qualité (Cass., ch. cr. : 10 juillet 1834, — 24 janvier 1835, — 14 mai 1836, — 1er avril 1848, — 16 novembre 1849, — 3 octobre 1850, — 16 novembre 1850). Ainsi l'Etranger en cette qualité, est admissible à faire valoir cette cause d'exemption devant le Conseil de discipline qui ne peut se dispenser de l'examiner, et de statuer alors même que cet Etranger aurait été maintenu antérieurement sur les contrôles par une décision du Conseil de recensement non frappée de pourvoi en révision.

VI. — Exclusions et réhabilitation.

Sont exclus de la Garde nationale, les individus privés par jugement de leurs droits civils ou politiques, et ceux condamnés à trois mois de prison au moins par application de la loi du 27 mars 1851. Il a même été décidé que la réhabilitation d'un condamné à une peine afflictive et infamante, ou à une peine infamante seulement, ne suffirait pas pour faire admettre le réhabilité dans les rangs de la Garde nationale ; cependant, pour le commerçant failli la réhabilitation fait cesser l'indignité.

VII. — Exemptions.

Quoique le décret de 1852 soit muet à l'égard des exemptions comme des dispenses, il faut cependant admettre celles portées dans la loi de 1851. Ces exemptions sont appliquées d'office par le Conseil de recensement, alors même qu'elles ne sont pas invoquées par les parties intéressées. Ainsi sont exemptés : les ministres des différents cultes reconnus par l'Etat ; les élèves des grands Séminaires et des Facultés de Théologie ; les membres ou novices des Associations religieuses vouées à l'enseignement, autorisées par la loi ou reconnues comme établissement d'utilité publique ; les frères des Ecoles Chrétiennes ; pour les élèves des Petits-Séminaires, âgés de 20 ans, ils n'ont droit qu'à une exemption temporaire, et encore faut-il que leur absence soit dûment constatée afin de pouvoir porter la demande d'exemption devant le Conseil de recensement du ressort dans lequel se trouve leur domicile légal ; les clercs minorés ne sont pas exempts, pas plus que les élèves en Théologie, à moins que ces derniers ne se destinent, sans aucun doute, aux fonctions de ministre d'une des religions reconnues par l'Etat.

Sont encore exemptés, les militaires des armées de terre et de mer en activité de service, en disponibilité ou en non-activité ; cependant les officiers en état de réforme ne peuvent être dispensés du service de la Garde nationale. En effet, dans cette position, ils sont rayés du cadre de l'armée et rendus à la vie civile. Sont regardés comme en activité de service, les officiers en congé illimité, recevant comme tels la solde d'activité d'absence ; les militaires porteurs de congé de semestre ; les militaires ayant reçu une destination des Ministres de la guerre ou de la marine ; enfin les répétiteurs de mathématiques à une école d'artillerie, regardés dans ce cas, comme faisant partie de l'état-major particulier de l'artillerie.

Sont encore exempts : les administrateurs ou agens commissionnés des services de terre et de mer en activité ; les commissaires de marine ; les syndics des gens de mer ; les pilotes lamaneurs ; les comptables, magasiniers, préposés de dépôt ; distributeurs, infirmiers et autres agens inférieurs des ports, arsenaux et des manufactures d'armes organisées militairement ; au-dessous du grade d'aide commissaire, les commis et employés de la marine ne jouissent plus de cette exemption.

Cette exemption est accordée aux officiers et soldats des gardes municipales et autres corps soldés ; aux préposés des services actifs des douanes ; aux directeurs et concierges des maisons d'arrêt ; aux gardiens chefs et gardiens ordinaires des prisons et aux autres agents inférieurs de justice et de police ; enfin aux gardes-champêtres des communes et de l'Etat, ainsi qu'aux médecins et aux employés des hospices.

Certaines infirmités donnent aussi lieu à l'exemption, nous en trouvons la nomenclature dans le décret du 8 septembre 1851, nomenclature qui peut être encore suivie aujourd'hui ; toutefois, ces exemptions n'entraînent avec elles aucune idée de perpétuité, basées qu'elles sont sur la santé de celui qui les invoque.

VIII. — Dispenses.

Les dispenses n'empêchent pas de porter sur les contrôles celui qui satisfait aux conditions requises pour faire partie de la Garde nationale, sauf à lui à provoquer sa radiation.

Sont dispensés : les citoyens âgés de moins de 25 ans et ceux qui ont moins d'une année de domicile dans la commune ; ceux pour lesquels le service habituel serait une charge trop lourde ; les préposés du service actif des contributions indirectes, des octrois et ceux des administrations sanitaires ; les cantonniers, les éclusiers, les gardes-champêtres et forestiers commissionnés par l'Etat ; les gardes des bois, des communes et des établissements publics ; les agents assermentés des compagnies de chemins de fer ; les facteurs de la poste aux lettres ; les agents des lignes télégraphiques ; les postillons de l'administration des postes reconnus nécessaires aux services publics; les machinistes et chauffeurs des chemins de fer et bateaux à vapeur; les portiers et domestiques attachés au service de la personne sont encore compris dans ces dispenses; les membres du Sénat et du Corps législatif; les ministres, le sous-secrétaire d'Etat, les conseillers d'Etat, les maîtres des requêtes; les membres des cours et tribunaux de première instance, de commerce et des cours d'appel; les greffiers de justice de paix ; les juges suppléants des tribunaux de 1re instance, de commerce et des cours d'appel; les étrangers admis à l'exercice des droits civils en France, et qui sont revêtus des fonctions de consul ou de vice-consul; les greffiers, commis-greffiers, les membres des conseils de préfecture ; les directeurs, médecins et chirurgiens des hôpitaux et hospices civils et des maisons d'aliénés; enfin les citoyens âgés de plus de 50 ans.

Dispenses temporaires. — A cette longue liste, il faut ajouter aussi les dispenses temporaires. Elles sont appliquées seulement à ceux qui sont dans l'impossibilité de faire leur service par suite d'un service public, d'une absence, d'une maladie ou d'une infirmité dûment justifiée, constatée préalablement et reconnue par le Conseil de recensement ou de révision. Ces dispenses temporaires peuvent durer un certain temps, ce ne sont pas des dispenses spéciales pour un service spécial, mais elles sont toujours révocables.

Ce sont le Conseil de recensement et le Jury de révision qui statuent sur ces dispenses; mais si le Conseil de discipline ne peut, sans excès de pouvoir les accorder, il peut du moins acquitter le Garde national poursuivi pour manquement à un service commandé, si celui-ci invoque une des dispenses prévues par l'article 15 de la loi de 1831, ou une de celles susmentionnées.

Les dispenses temporaires, par suite d'absence dûment constatée, par exemple, ne sauraient être invoquées pour la première fois en cassation; elles doivent l'être soit devant le Conseil de recensement et en appel devant le Jury de révision, soit devant le Conseil de discipline.

TITRE III.

DU RECENSEMENT.

I. Inscription sur les contrôles. — II. Composition des Conseils de recensement ; leurs opérations ; leur compétence. — III. Procédure. Jugements. Opposition. Appel.

I. — Inscription sur les contrôles.

Comme nous l'avons vu, le service de la Garde nationale est obligatoire et dû par tous les citoyens en dehors des exceptions que nous venons de signaler ; à cet effet, un recensement *annuel* a lieu, et tous les individus reconnus aptes au service sont portés sur un registre matricule comprenant les listes du recensement, listes sur lesquelles est arrêté le contrôle définitif.

Les Conseils de recensement se réunissent plusieurs fois chaque année, et leurs décisions ont un caractère définitif, en ce sens qu'elles ne sont modifiées que lorsqu'il a dû être statué sur une réclamation. Les contrôles ne sont pas renouvelés, et les Conseils se bornent à les tenir au complet en remplissant chaque année les vacances.

Les listes dressées par le Conseil sont déposées au secrétariat de la Mairie, où chaque intéressé peut en prendre connaissance en ce qui le concerne.

Enfin, c'est devant le Conseil de recensement que l'on se pourvoit contre l'inscription ou la radiation prononcée, et l'appel de sa décision est porté devant le Jury de révision.

Disons de suite que les décisions des Jurys de révision de la Garde nationale ne sont pas susceptibles de pourvoi devant la Cour de Cassation ; elles sont portées devant le Conseil d'Etat mais seulement pour incompétence, excès de pouvoir ou violation de la loi.

Quant aux décisions des Conseils de recensement, n'étant pas exécutoires par provision, le citoyen qui s'est pourvu contre la décision de ce Conseil qui l'a maintenu sur le contrôle d'une compagnie, ne peut être condamné pour refus de service, tant qu'il n'a pas été statué sur son pourvoi.

II. — Composition du Conseil de recensement. — Opérations. — Compétence.

Le Conseil de recensement, simple corps administratif se compose : 1° pour une compagnie, du capitaine président et de deux membres désignés par le sous-préfet ; 2° pour un bataillon, du chef de bataillon, président, et du capitaine de chacune des compagnies qui le composent ; le capitaine pouvant se faire suppléer par son sergent-major.

Le Conseil de recensement désigne : 1° parmi les citoyens de 25 à 50 ans ceux qui lui paraissent réunir les conditions d'aptitude nécessaires ; 2° il répartit les Gardes nationaux dans les compagnies dont l'organisation a été autorisée ; 3° il entretient l'effectif au complet en remplaçant les Gardes nationaux radiés pour cause de décès, de changement de domicile, d'infirmités, etc. ; 4° il dresse le contrôle de la Garde nationale communale, et celui particulier de chaque corps et de chaque compagnie ; 5° il statue enfin sur les demandes de dispenses temporaires.

Par suite, toutes les questions de domicile, d'extranéité, de dispenses, toutes celles en un mot relatives à l'obligation du service sont de sa compétence, et le Conseil de recensement, à l'égard du contrôle et du classement a un pouvoir complètement discrétionnaire.

III. — Procédure. — Jugements. — Opposition. — Appel.

Les séances du Conseil de recensement sont publiques ; cependant lorsqu'il s'agit de vérifier des infirmités, ces vérifications peuvent se faire en la chambre du Conseil, mais la décision délibérée en cette chambre doit être prononcée en séance publique.

Les avertissements, notifications et significations faits en exécution du règlement ont lieu dans la forme administrative.

Les réclamations contre les inscriptions sont adressées au président du Conseil et inscrites sur un registre à ce destiné ; le réclamant est averti du jour de la réunion du Conseil de recensement, avec invitation à comparaître.

— Les jugements doivent être rendus par la moitié plus un des membres du Conseil qui ont pris part à la délibération, et ces décisions sont prises à la majorité des voix. En cas de partage, la voix du Président est prépondérante. Par suite, les décisions doivent constater le nombre des membres dont le Conseil était composé au moment où elles ont été rendues. Les décisions doivent être motivées, cette règle de droit est en effet applicable à tous les jugements, et surtout à ceux contre lesquels la loi ouvre le droit d'appel et de recours.

— Les décisions contradictoires, préparatoires et interlocutoires ne sont pas notifiées, mais il en est donné copie dûment certifiée à la personne qui la demande.

Les décisions par défaut sont au contraire notifiées ; et c'est dans les cinq jours à partir de cette notification que l'opposition doit être formée. Cette opposition peut être formée au bas de l'acte de notification ou par lettre spéciale adressée au Conseil de recensement.

La notification des décisions rendues par défaut, par les Conseils de recensement, ne doit pas être négligée : un arrêt de la Cour de Cassation rendu le 29 décembre 1859, montre toute l'importance de cette mesure. Cet arrêt a décidé « que la décision par défaut du Conseil de recensement portant inscription sur les contrôles n'ayant pas été notifiée au sieur P..., il était en droit d'y former appel à l'époque où il l'a interjeté, et que par suite de cet appel, il a été par le Jury de révision, définitivement rayé desdits contrôles à la date du 28 octobre 1853. Attendu, dès lors qu'il ne pouvait être passible d'aucune peine disciplinaire pour les manquements ou refus de service qui avaient eu lieu antérieurement au recours exercé par lui en octobre 1858, casse et annulle le jugement. » Cette nécessité de notifier les décisions par défaut des Conseils de recensement ressort aussi du règlement d'administration publique du 5 septembre 1851, qui porte article 19 : « les avertissements, notifications et significations faits en exécution du présent règlement, ont lieu dans la forme administrative. » Il en est de même des circulaires ministérielles du 12 octobre 1851 et du 25 février 1852.

L'observation de ces prescriptions met les condamnations disciplinaires à l'abri de toute critique fondée ; il permet au Jury de révision de repousser tous pourvois qui seraient faits après la quinzaine de la notification de ces décisions.

Quant aux décisions contradictoires dont la notification n'est pas exigée, le Général a pensé qu'il était du devoir d'une juridiction toute paternelle comme le Conseil de recensement, d'éclairer les Gardes nationaux sur leurs droits, aussi a-t-il été décidé que le Président de chaque Conseil en donnant connaissance au Garde national de la décision qui le concerne, l'avertirait qu'il a un délai de quinze jours pour se pourvoir devant le Jury de révision ; après cet avertissement officieux, le Jury pourra sans scrupule, opposer la déchéance aux pourvois formés après les délais légaux. Le tambour-maître de chaque bataillon étant déjà chargé de porter les citations et significations relatives aux poursuites disciplinaires, le caporal-tambour, dûment assermenté, devra lui être adjoint pour faire le service des avertissements et notifications relatifs au Conseil de recensement.

Cette question a donné lieu à l'ordre du jour suivant, en date du 20 mars 1860, qu'il est bon de rapporter ici.

Le Général Commandant Supérieur,

Vu le règlement d'administration publique du 5 septembre 1851,

Vu les circulaires de M. le Ministre de l'Intérieur des 12 octobre 1851 et 25 février 1852.

Considérant qu'il convient de rappeler les Conseils de recensement à la stricte observation du mode de procéder prescrit par le règlement et les circulaires précités.

ARRÊTE :

1° Tout Garde national nouvellement recensé recevra du Président du Conseil de recensement, un avertissement (Modèle N° 1) qui lui fera connaître le jour de la réunion du Conseil, avec invitation de s'y présenter, s'il a des réclamations à faire valoir contre son inscription sur les contrôles.

2° Cet avertissement sera notifié (Modèle n° 2).

3° Les décisions par défaut des Conseils de recensement seront notifiées (Modèles 3 et 4).

4° Les décisions contradictoires ne seront pas notifiées, mais, après le prononcé de chaque décision, le Président avertira le Garde national qu'il a 15 jours pour se pourvoir devant le Jury de révision.

5° Les avertissements et notifications de chaque Conseil de recensement seront portés par le tambour-maître auquel sera adjoint pour ce service, le caporal-tambour dûment assermenté à cet effet.

6° En raison de ce service spécial, le caporal-tambour sera dispensé de tout service de planton.

7° Des imprimés conformes aux Modèles 1, 2, 3 et 4 seront préparés par les soins de l'Etat-Major général, et tenus à la disposition de MM. les Majors des subdivisions, chez MM. Dupont et Ce, imprimeurs.

8° A partir du 1er avril prochain, il ne sera fait usage, pour la procédure devant les Conseils de recensement, que des imprimés conformes aux modèles prescrits.

9° MM. les Chefs de Bataillon, Présidents des Conseils de recensement et MM. les Majors, Commissaires du Gouvernement près lesdits Conseils, sont chargés, chacun en ce qui le concerne, de veiller à la ponctuelle exécution des présentes dispositions.

Le Conseil peut relever le défaillant du délai d'opposition.

Un registre spécial porte ces décisions à leurs dates respectives.

L'opposition est suivie d'un avertissement à comparaître à une nouvelle séance. S'il n'y a pas d'opposition ou si l'opposant ne comparaît pas à la séance indiquée, la décision par défaut devient définitive.

— Ces décisions du Conseil de recensement sont susceptibles d'appel devant le Jury de révision; cet appel doit être interjeté dans la quinzaine de la décision contradictoire ou de la notification de la décision par défaut rendue sur opposition ; ou enfin dans la quinzaine du jour ou la décision par défaut est devenue définitive faute d'opposition.

Cet appel est suspensif, mais à la condition que la réclamation contre l'inscription ait été formée avant tout ordre de service. Le délai de quinze jours pendant lequel l'appel doit être interjeté devant le Jury de révision contre les décisions du Conseil de recensement est obligatoire, il en résulte que passé ce délai, l'appel ne serait plus recevable et la décision du Conseil de recensement ne serait plus susceptible d'être attaquée que devant le Conseil d'Etat par voie contentieuse.

— Les appels même tardifs doivent être inscrits et soumis au Jury, qui applique, s'il y a lieu la déchéance, à moins qu'il ne s'agisse d'une décision contradictoire remontant à une date déjà éloignée.

— La contrariété des décisions rendues en dernier ressort, ou pour mieux dire, ayant acquis force de chose jugée, relativement à une même personne par des Conseils de recensement ou des Jurys de révision différents, donne lieu au recours devant le Conseil d'Etat.

TITRE IV

DES JURYS DE RÉVISION.

I. Composition des Jurys de révision. — II. Compétence. — III. Forme de procéder. — IV. Recours contre les décisions du Jury de révision.

I. — Composition des Jurys de révision.

Le Jury de révision est aussi une autorité administrative et non une institution judiciaire ; il y en a un par canton, composé de quatre membres nommés par le Sous-Préfet.

A Paris, le Jury de révision est institué à l'Etat-Major Général, et présidé par le chef d'état-major ; à son défaut par un lieutenant colonel d'état-major et composé de quatre chefs de bataillon ; deux chefs d'escadron d'état-major ; deux capitaines d'état-major ; un chef d'escadron rapporteur ; un capitaine rapporteur adjoint ; un capitaine secrétaire ; un lieutenant secrétaire-adjoint.

A Paris, le Préfet n'a aucune intervention à exercer dans les opérations du Jury de révision. Toute la correspondance relative aux appels devant le Conseil d'Etat, a lieu par l'intermédiaire du Ministre de l'Intérieur.

Le rapporteur exerce les fonctions de Ministère public ; toutes les réquisitions sont faites par lui, et ses observations sur les décisions qui lui paraissent susceptibles d'être déférées au Conseil d'Etat pour incompétence, excès de pouvoir ou violation de la loi sont envoyées au Ministre de l'Intérieur.

Le Jury de révision dans les cantons est présidé par le Juge-de-Paix qui relève directement du Ministère de l'Intérieur ; c'est le greffier ou le commis-greffier du Juge-de-Paix présidant, qui remplit les fonctions de secrétaire.

A Paris, le Jury de révision se réunit plusieurs fois chaque année, dès qu'il y a des appels inscrits en nombre suffisant pour occuper une séance.

II. — Compétence.

Le Jury de révision connaît des décisions des Conseils de recensement, tout en restant incompétent en ce qui touche la composition des cadres.

III. — Manière de procéder des Jurys de révision.

Nous avons vu que l'appel des décisions du Conseil de recensement devant le Jury de révision, devait être interjeté dans la quinzaine de la décision contradictoire ou de la notification de la décision par défaut rendue sur opposition, où dans la quinzaine du jour où la décision par défaut est devenue définitive, faute d'opposition ; et que cet appel est suspensif.

Ces actes d'appel sont déposés au secrétariat de la Mairie, même par simple lettre, en échange d'un récépissé, transmis immédiatement au juge-de-paix ; ils sont, au fur et à mesure, portés par le secrétaire du Jury sur un registre spécial paraphé, par première et dernière page, par le juge-de-paix.

L'appelant doit être prévenu du jour, de l'heure et du lieu où il sera statué sur son appel, et le délai de comparution ne doit pas être moindre de dix jours.

L'appelant entendu, le rapporteur donne ses conclusions, sans prendre part à la délibération. La décision doit être motivée, signée par le président et le secrétaire, puis transcrite sur un registre spécial. Elle est notifiée à l'appelant.

IV. — Recours contre les décisions du Jury de révision.

Les décisions par défaut rendues par le Jury de révision ne sont pas susceptibles d'opposition ; n'émanant pas d'un corps judiciaire, ces décisions ne sont susceptibles que de recours devant le Conseil d'Etat, et seulement pour incompétence, excès de pouvoir, violation de la loi, et pour cause de contrariété.

Les recours ne peuvent avoir lieu que par le ministère d'un avocat au Conseil d'Etat et à la Cour de Cassation, et ils doivent être communiqués aux parties intéressées.

Le recours au Conseil d'Etat n'est en aucun cas suspensif.

TITRE V

DU SERVICE DE LA GARDE NATIONALE.

I. Service ordinaire et extraordinaire. — II. Autorités pouvant faire les règlements. — III. De l'obéissance aux ordres de service. Exceptions à ce principe d'obéissance. — IV. Le service est personnel. — V. Service en dehors du territoire de la commune.

I. — Service ordinaire et extraordinaire.

Les Gardes nationaux une fois inscrits et maintenus sur les contrôles, sont tenus de faire : 1° Le service ordinaire dans l'intérieur de la commune; 2° le service de détachement hors du territoire de la commune.

II. — Autorités pouvant faire les Règlements.

Le service ordinaire, c'est-à-dire celui fait dans l'intérieur des communes peut varier à l'infini ; c'est à l'autorité administrative qu'est confié le soin de faire les règlements à cet égard, et ses décisions font seules autorité.

Dans le département de la Seine, l'autorité administrative compétente est représentée par le Ministre de l'Intérieur ; c'est lui qui fait les règlements sur la proposition du Commandant Supérieur. Dans les villes et communes des autres départements, c'est le Maire, sur la proposition du Commandant de la Garde nationale et sous l'approbation du Sous-Préfet.

Ces règlements sont réputés légalement publiés et obligatoires dès qu'ils sont déposés à l'Etat-Major, et qu'avis en a été donné aux Gardes nationaux avec invitation d'en prendre connaissance.

Les Chefs de corps peuvent présenter le règlement, mais ils ne peuvent l'arrêter.

III. — De l'obéissance aux ordres donnés.

Tout Garde national, chef ou soldat commandé pour un service doit obéir, sauf à réclamer s'il s'y croit fondé, devant le chef du corps.

Ce principe a pourtant des exceptions : 1° Lorsqu'avant tout ordre de service l'inscription sur les contrôles a été l'objet d'un recours, le Garde national peut se dispenser d'obéir à cet ordre de service; toutefois, si condamné, le Conseil de recensement ou le Jury de révision n'admettent pas sa radiation et que son pourvoi soit rejeté, il subira sa peine. Si le Garde national a négligé de réclamer, ou s'il a fait un service depuis son inscription, il doit continuer provisoirement à obéir aux ordres malgré l'instance intentée pour obtenir sa radiation ; 2° il y a encore une exception à ce principe d'obéissance, lorsque le Garde national est fondé à se prévaloir soit d'un défaut d'âge, soit de sa qualité d'étranger, soit d'un moyen d'incompatibilité, d'exclusion ou de dispense facultative.

Un pouvoir discrétionnaire est laissé aux Supérieurs pour dispenser les Gardes nationaux d'un service commandé, mais ils ne peuvent accorder de dispenses absolues ou même temporaires, car ils empièteraient sur les attributions des Conseils de recensement et des Jurys de révision.

IV. — Service personnel.

Le service de la Garde nationale est personnel, toutefois, pour le service ordinaire le remplacement peut s'effectuer entre le père et le fils, les frères, l'oncle et le neveu, ainsi qu'entre alliés au même degré, pourvu toutefois que le remplaçant et le remplacé soient de la même Compagnie.

Les Gardes nationaux d'une même Compagnie peuvent aussi changer leur tour mais avec l'autorisation des chefs.

V. — Service extérieur.

La Garde nationale peut être appelée à un service de détachement hors du territoire de la commune. Pour les règles relatives à ces détachements il faut se reporter aux lois de 1851 et 1831. Suivant les art. 107 de la loi du 13 juin 1851 et 127 de la loi du 22 mars 1831, la Garde nationale peut fournir des détachements : 1° en cas d'insuffisance de la gendarmerie et de la troupe de ligne pour escorter d'une ville à l'autre les convois de fonds ou d'effets appartenant à l'Etat, et pour la conduite des accusés, des condamnés ou autres prisonniers; 2° pour porter secours aux communes, arrondissements et départements voisins qui seraient troublés ou menacés par des émeutes, des séditions ou par des associations de malfaiteurs; 3° pour porter secours d'un lieu dans un autre pour le rétablissement de l'ordre et de la paix publique, et pour veiller à la conservation des récoltes. — Lorsque des détachements doivent opérer dans l'étendue de l'arrondissement, la réquisition vient du Sous-Préfet, elle vient du Préfet quand l'action s'étend sur le département : hors du département il faut un décret du pouvoir exécutif (art. 108).

Les maires eux-mêmes, en cas d'urgence, ont le droit de requérir, sauf à en référer à l'Autorité supérieure.

Les contingents communaux sont réunis par canton, et les contingents cantonaux par arrondissements. Ils sont placés sous les ordres d'un officier supérieur en grade aux commandants particuliers des détachements communaux et cantonaux. Cet officier est choisi par le Préfet ou le Sous-Préfet. Le commandement supérieur de la réunion des détachements de tout le département est confié à un Officier général choisi par le Préfet.

L'autorité militaire ne prend le commandement de ces détachements que sur l'ordre de l'autorité administrative.

— L'acte qui fait cet appel fixe le nombre des hommes requis ;

— Puis le Maire, assisté du Commandant de la Garde nationale de chaque commune, désigne les hommes devant faire partie du détachement, en les prenant parmi ceux inscrits sur le contrôle du service ordinaire, et commençant par les célibataires et les plus jeunes.

— Quand les détachements s'éloignent de leur commune pendant plus de 24 heures, les Gardes nationaux sont assimilés à la troupe de ligne, et quoi que ce service soit gratuit, la solde d'indemnité de route et les prestations en nature sont dues.

Ces détachements à l'intérieur ne peuvent être requis de faire, hors de leurs foyers, un service de plus de 10 jours que sur la réquisition du Sous-Préfet; pour plus de 20 jours, il faut la réquisition du Préfet, et enfin un décret de l'Empereur pour un service de plus de soixante jours.

VI. — Discipline des corps détachés.

Il y a une discipline spéciale pour les corps détachés, discipline dont on trouve les règles dans les articles 113, 114, 115 et 116 de la loi de 1851.

TITRE VI

I. Nomination des Officiers. — II. Des armes. — III. De l'uniforme. — IV. Des dépenses de la Garde nationale. — V. Conseils d'administration. — VI. Conseils de famille. — VII. Pensions.

—

I. — Nomination des officiers.

C'est le pouvoir exécutif qui nomme aux grades d'officiers, sur la présentation du Ministre de l'Intérieur, d'après les propositions du Commandant supérieur, dans le département de la Seine, et d'après celles des Préfets dans les autres départements. Les adjudants sous-officiers sont nommés par le chef de bataillon qui nomme aussi les sous-officiers et caporaux sur la présentation des commandants des compagnies.

Quant à la reconnaissance, le décret de 1852 étant muet, on doit suivre à cet égard les formes mentionnées dans la loi de 1831, article 59.

La prestation de serment est exigée.

II. — Des armes.

Les communes sont responsables, sauf leur recours contre les Gardes nationaux, des armes confiées par le Gouvernement. Ces armes restent la propriété de l'Etat, l'entretien de l'armement est à la charge du Garde national. Mais les réparations occasionnées par le service sont à la charge de la commune.

Les Gardes nationaux détenteurs d'armes appartenant à l'Etat, et qui ne représentent pas ou ne font pas présenter les armes aux inspections générales annuelles prescrites par les règlements, peuvent être condamnés à une amende de un franc au moins et de cinq francs au plus au profit de la commune.

Cette amende est prononcée et recouvrée comme en matière de police municipale.

Les demandes d'armes pour les Gardes nationales doivent être adressées aux Préfets par les Maires ou les Chefs de corps.

— La vente, détournement ou destruction volontaire de ces armes entraîne l'application de l'article 408 du code pénal, et de l'article 3 de la loi du 24 mai 1834.

III. — Uniforme.

L'uniforme est obligatoire sans exception.

IV. — Dépenses.

Les dépenses de la Garde nationale sont votées, réglées, surveillées comme toutes les autres dépenses municipales.

Ces dépenses sont obligatoires ou facultatives, et l'article 15 du décret du 11 janvier 1852 en donne la liste.

Lorsqu'il est créé des bataillons cantonaux, la répartition de la portion afférente à chaque commune du canton dans les dépenses obligatoires du bataillon, autres que celles des compagnies, est faite par le Préfet, en conseil de préfecture, après avoir pris l'avis des conseils municipaux.

V. — Conseils d'administration.

Un Conseil d'administration présente annuellement au Maire les dépenses nécessaires pour le service de la Garde nationale, dans chaque légion et dans chaque bataillon ; il vise aussi les pièces justificatives de l'emploi des fonds.

Dans chaque bataillon cantonal, un Conseil d'administration est également chargé des mêmes fonctions, il présente ses comptes au Sous-Préfet. — Un règlement d'administration publique détermine la composition de ces Conseils (voir décret du 3 septembre 1851). Dans le département de la Seine, le décret de 1852 porte art. 18 : « qu'il y aura un Conseil d'administration par un nombre » de bataillons qui sera déterminé par le Ministre de l'Intérieur ; » il est composé ainsi qu'il suit : un chef de bataillon, prési- » dent ; un officier par bataillon ; le major attaché à ces batail- » lons sera rapporteur du Conseil. Il est nommé un officier payeur » pour ce même nombre de bataillons. »

— Les actions intentées à raison des commandes faites par le Conseil d'administration doivent être dirigées contre les Colonels ; à Paris, c'est contre les Chefs de bataillon qui sont les représentants des légions.

VI. — Conseils de famille.

L'usage a fait qu'à Paris, dans chaque compagnie, il y a un Conseil de famille composé du capitaine commandant, du capitaine en second, d'un lieutenant, d'un sous-lieutenant, d'un sergent-major, d'un sergent, du fourrier, de deux caporaux et de Gardes nationaux. Ce Conseil règle les dépenses spéciales des compagnies et reçoit les comptes des fourriers, mais il n'a aucun appui sur la loi.

VII. — Pensions.

L'article 118 du décret du 13 juin 1851, maintenu par le décret de 1852, porte que les Gardes nationaux blessés dans l'accomplissement de leur service, leurs veuves et leurs enfants auront droit à des pensions, secours et récompenses qui seront déterminés par des lois spéciales.

Lorsque le Préfet a à faire une pareille demande, les pièces à produire sont les suivantes : 1° un extrait du registre matricule de la Garde nationale faisant foi de ce que le Garde pour lequel le secours est demandé, en faisait partie à l'époque où il a été blessé ; 2° un certificat du Maire ou du Commandant du corps auquel ce Garde appartient prouvant qu'il avait été commandé de service ; 3° un procès-verbal dressé par le Maire de la commune où l'accident a eu lieu, sur les différentes circonstances de l'évènement; 4° un certificat du médecin qui a soigné le blessé, constatant la gravité et les conséquences probables de la blessure ; 5° un certificat du Maire de l'endroit où demeure le blessé, constatant sa position de fortune; 6° enfin il faut l'avis du Sous-Préfet et la demande du Préfet fixant le montant du secours qui doit être accordé.

LIVRE II.

DISCIPLINE

Généralités.

Le Décret du 11 janvier 1852 dans son article 82 maintient le titre IV de la loi du 13 juin 1851, intitulé *Discipline,* jusques et y compris l'article 118, titre dont nous avons donné le texte au commencement de ce livre.

La Discipline est assurément la sanction et le lien de tous les autres règlements concernant la Garde nationale. Aujourd'hui, nous devons donc rechercher cette sanction et ce lien dans la loi de 1851 qui, plus sévère que celle du 22 mars 1831, a eu pour but, au moment où elle a été édictée de fortifier la discipline; loi enfin dont la pénalité prononcée contre toutes les infractions aux règles du service et de la subordination militaire, présente, sur l'ancienne législation un grand avantage, celui d'avoir une action s'exerçant d'une manière plus simple et plus immédiate.

— La loi de 1851 distinguant les différentes infractions, établit une différence entre le refus réitéré de service, la désobéissance et l'insubordination; entre l'absence du poste et l'abandon du poste; elle fait choix des peines et permet d'en suivre l'importance au moyen d'une aggravation facultative; ainsi la réprimande peut être accompagnée de mise à l'ordre et même remplacée par des peines plus sévères.

Cette loi ne distingue pas entre un premier et un second refus de service, ni entre le refus de service d'ordre et de sûreté avec celui qui n'a pas ce caractère; elle autorise, *hors tour*, une faction, une patrouille, ou autres services, mais seulement pour des infractions légères (art. 71). Enfin, de nouvelles peines ont été créées par la loi de 1851, c'est 1° la privation du grade avec *mise à l'ordre;* 2° la radiation temporaire des contrôles du service ordinaire.

— La peine des arrêts simples n'existe plus que pour les officiers d'état-major.

— Pour que les chefs de poste et de corps puissent appliquer ces peines à des infractions commises par un Garde national, et pour que la connaissance puisse en venir aux Conseils de discipline et aux tribunaux correctionnels, il faut que ces infractions soient relatives au service; la connaissance autrement en reviendrait aux tribunaux ordinaires.

— Les seules peines qui puissent être prononcées sont celles spécifiées par la loi. Cependant, les juges ont le droit d'appliquer, selon les circonstances, le maximum ou le minimum de la peine, c'est-à-dire de graduer la pénalité.

Ne voulant pas que, comme sous la loi de 1831, la peine pût descendre indéfiniment, la loi de 1851 a fixé un minimum de 6 heures pour la prison, et de 1 fr. pour l'amende.

— L'art. 365 § 2 du Code d'instruction criminelle qui, d'après la jurisprudence de la Cour suprême est applicable seulement aux crimes et délits, n'est pas applicable aux infractions prévues par la loi pénale, et par suite à celles du service de la Garde nationale : le Garde prévenu de plusieurs doubles manquements à des services d'ordre et de sûreté, sera condamné à autant de peines d'emprisonnement distinctes, sans que le Conseil de discipline soit tenu de les confondre.

Ainsi, quant au cumul des peines, les articles 72 de la loi de 1851 et l'article 365 du C. d'inst. crim., ne font pas obstacle à ce qu'un Garde national traduit devant un Conseil de discipline, non pas seulement pour deux manquements à un service d'ordre et de sûreté, mais pour quatre manquements semblables ne puisse

être condamné d'abord à 2 jours de prison pour les deux premiers manquements, ensuite encore à deux jours de prison pour les deux derniers manquements. Nous en trouvons la preuve dans les deux arrêts suivants rendus par la Cour suprême. « En effet,
» d'après les principes généraux du droit criminel, tout fait quel-
» conque défendu par une loi pénale est passible de la peine
» édictée par cette loi ; si le § 2 de l'article 365, C. d'In. c., a ap-
» porté une exception à ces principes en disposant, en cas de con-
» viction de plusieurs crimes et délits, que la peine la plus forte
» sera seule prononcée, cette exception doit être exactement ren-
» fermée dans ces termes ; — Elle ne saurait être étendue à des
» faits autres que ceux qu'elle a spécifiés ; — Elle n'est donc
» uniquement applicable qu'aux crimes et aux délits, et Elle ne
» pourrait, sans violer les termes et l'esprit de cet article, rece-
» voir d'extension relativement soit aux contraventions en gé-
» néral, soit en particulier, aux infractions prévues et punies
» par la loi de 1851 sur la Garde nationale. (Arrêt de la Cour de
» Cassation, 19 janvier 1849). »

« — L'article 365 du C. d'inst. c., dans son second alinéa a
» apporté une exception aux principes qui veulent en droit cri-
» minel que tout fait quelconque défendu par la loi pénale, soit
» passible de la peine édictée par cette loi, et il a disposé qu'en
» cas de conviction de plusieurs crimes ou délits, la peine la plus
» forte serait seule prononcée, mais cette exception doit être
» renfermée dans les termes dans lesquels elle a été conçue ;
» elle ne peut être étendue à des faits autres que ceux qu'elle a
» spécifiés, et par suite elle n'est applicable qu'aux crimes et
» délits et non aux autres infractions prévues par la loi pénale.
» Le but de cet article, en prohibant le cumul des peines, a été
» d'obvier à la trop grande sévérité qui serait résultée pour un
» condamné de l'application qui lui aurait été faite cumulative-
» ment des peines les plus graves, édictées par la loi pénale contre
» chaque crime ou délit dont il aurait été déclaré coupable ; les
» mêmes motifs n'existent pas en matière de contravention de
» police ou de toutes autres infractions légères à la loi pénale,
» lesquelles ne sont réprimées que par des peines beaucoup moins

» sévères ; le législateur n'a pas étendu la disposition de l'article
» 365 du C. d'I. c., aux manquements de cette nature, et par suite
» elle ne saurait s'appliquer aux pénalités prononcées par la loi
» de 1851. (Arrêt du 25 janvier 1845). »

TITRE I

— La répression des infractions prévues par la loi de 1851 est confiée suivant la gravité des cas : 1° aux chefs de poste et de détachement ; 2° aux conseils de discipline ; 3° aux tribunaux correctionnels.

I. — Répression confiée aux chefs de poste et de détachement.

« ART. 71. Les chefs de poste ou de détachement peuvent ordon-
» ner : 1° une faction, patrouille ou autre service hors tour contre tout
» Garde national qui a manqué à l'appel ou s'est absenté du poste sans
» autorisation ; 2° la détention dans la prison du poste, jusqu'à la re-
» levée de la garde, de tout sous-officier, caporal ou Garde national
» de service en état d'ivresse, ou qui s'est rendu coupable de bruit, ta-
» page, voies de fait ou de provocation au désordre ou à la violence ;
» sans préjudice du renvoi au Conseil de discipline, si la faute emporte
» une punition plus grave. »

Ainsi le chef de poste ou de détachement, c'est-à-dire celui qui commande un détachement ou un poste, quel que soit son grade et quel que soit le poste, peut infliger ces punitions.

Cette répression est facultative, et le chef de poste peut soit l'appliquer, soit tout simplement faire un rapport sur les faits.

En dehors de la punition que peut infliger le chef de poste ou de détachement, le Conseil de discipline ou le Tribunal correctionnel peuvent être saisis, et prononcer une nouvelle peine pour la même infraction.

— Parmi les infractions énumérées dans l'article 71, on doit considérer comme manquement à l'appel l'arrivée tardive au lieu de réunion de la compagnie.

—Quant aux expressions *bruit* et *tapage* comprises dans ce même article, il faut entendre les désordres susceptibles de faire conduire au violon celui qui les commet, désordres sur lesquels tout chef de poste a toujours et partout une action.

TITRE II

RÉPRESSION CONFIÉE AUX CONSEILS DE DISCIPLINE.

CHAPITRE I.

I. — Composition des Conseils de discipline.

Comme nous le verrons plus tard, les Conseils de discipline, sans former un corps judiciaire, sont appelés à jouer le même rôle que les tribunaux de simple police. Ces Conseils sont formés conformément à la loi du 13 juin 1851, et possèdent comme juridiction spéciale, toute la plénitude des pouvoirs dont elle les a expressément investis.

Une circulaire du Ministre de l'Intérieur en date du 24 avril 1852, examine les règles qui doivent être suivies pour la formation et la composition de ces Conseils.

Le décret du 11 janvier 1852 autorisant (art. 3) la formation de la Garde nationale soit en compagnies, soit en bataillons communaux ou cantonaux, soit même en légions communales selon les besoins du service, chacune de ces organisations nécessite une composition différente des Conseils de discipline.

« ART. 85. — Il y a un Conseil de discipline : 1° par bataillon com- » munal ou cantonal ; 2° par commune ayant une ou plusieurs compa- » gnies non réunies en bataillon ; 3° par compagnie formée de Gardes » nationaux de plusieurs communes. »

« *Circulaire du 24 avril* 1852. — Le cas où le n° 3 de cet article, pourrait trouver son application est celui où des subdivisions de sapeurs-pompiers, composant à elles seules toute la Garde nationale proprement dite de leurs communes respectives, auraient été exceptionnellement autorisées à se réunir pour constituer une compagnie cantonale. » L'Administration désigne le lieu où siègent les Conseils de discipline.

— Ces Conseils sont permanents. Les juges sont renouvelés tous les 4 mois (art. 92). Quant aux officiers et sous-officiers rapporteurs et secrétaires, ils sont nommés pour trois ans et peuvent être réélus (art. 56).

« Art. 86. Dans les villes qui comprennent une ou plusieurs légions, » il y a un Conseil de discipline pour juger les Colonels et Lieutenants- » Colonels. »

Le nombre des membres qui composent ces tribunaux varie donc suivant qu'il s'agit de Conseil de discipline, de compagnie ou de bataillon, ou d'un Conseil de discipline pour les colonels et lieutenants-colonels.

II. — Conseils de discipline de compagnie.

« Art. 87. Le Conseil de discipline de la Garde nationale d'une » commune ayant une ou plusieurs compagnies non réunies en batail- » lon, et celui d'une compagnie formée de Gardes nationaux de plu- » sieurs communes, sont composés de cinq juges, savoir : un capitaine, » président ; un lieutenant ou un sous-lieutenant, un sergent, un ca- » poral et un Garde national. »

Ce nombre, comme tout ce qui touche à l'organisation judiciaire est de droit étroit, aussi ne saurait-il être augmenté. Mais ce nombre n'est pas nécessaire pour que les décisions rendues soient valables.

Circulaire du 24 avril 1832. — « S'il s'agit d'un Conseil de discipline institué pour plusieurs compagnies d'une même commune non réunies en bataillon, le capitaine de chacune de ces compagnies doit être appelé alternativement à présider le Conseil. Mais lorsqu'il n'existe dans la commune qu'une seule compagnie isolée, la présidence du Conseil de discipline appartient de droit et invariablement au capitaine de cette compagnie. Il devrait en être de même, du reste, pour le Conseil de discipline qu'il y aurait lieu de former en cas de réunion de subdivisions de sapeurs-pompiers en compagnie cantonale, seule circonstance dans laquelle puisse aujourd'hui se produire ce fait prévu par l'article 87, d'une compagnie composée de Gardes nationaux appartenant à plusieurs communes.

III. — Conseil de discipline de bataillon.

« Art. 88. Le Conseil de discipline de bataillon est composé de sept » juges, savoir : le chef de bataillon, président, un capitaine, un lieu- » tenant ou un sous-lieutenant; un sergent, un caporal et deux Gardes » nationaux. «

« *Circulaire du* 24 *avril* 1852. — Ces mots : un lieutenant ou sous-lieutenant expliquent suffisamment que deux officiers ayant, l'un le grade de lieutenant, l'autre celui de sous-lieutenant, ne peuvent siéger simultanément comme juges. Autrement, il y aurait composition illégale du Conseil de discipline, et le jugement qu'il aurait prononcé serait nul, comme ayant été rendu par un juge incompétent. (Cour de Cass., 23 avril 1841). »

IV. — Conseil de discipline pour les Colonels et Lieutenants-Colonels.

« Art. 89. — Le Conseil de discipline pour les Colonels et Lieute- » nants-Colonels est composé de sept juges, savoir : pour les légions » non réunies sous un commandement supérieur, d'un Chef de Légion « désigné par le sort, parmi ceux des cinq légions les plus voisines, » président; deux Chefs de Légion ou deux Lieutenants-Colonels, sui- » vant le grade du prévenu, désignés selon le mode indiqué dans le » paragraphe précédent ; deux Chefs de Bataillon ; deux Capitaines.— » Dans le département de la Seine et dans les villes où il existe un » Commandant supérieur : le Commandant supérieur, président ; deux » Colonels ou Lieutenants-Colonels ; deux Chefs de Bataillon ou d'Es- » cadron ; deux Capitaines. Le Commandant supérieur peut déléguer » un Colonel pour le remplacer comme président. »

Quant aux officiers d'état-major, les peines encourues par eux pour infractions sont prononcées soit par le supérieur contre l'inférieur en grade, soit par le Commandant supérieur ou le Chef du corps.

Circulaire du 24 *avril* 1852. — Bien que les dispositions comprises dans la première partie de l'article 89 doivent rarement être appliquées, une circonstance peut se présenter où il y aurait lieu de les mettre à exécution dans une ville où une légion aurait été exceptionnellement organisée. Or, il ressort clairement du texte des §§ 2, 3 et 4 de l'article 89, qu'en ce qui concerne les légions non réunies sous un Commandant supérieur, le Conseil de discipline doit toujours être présidé par un Chef de Légion désigné par le sort parmi les Colonels des cinq légions les plus voisines; et que deux Colonels ou deux Lieutenants-Colonels, selon que l'inculpé est investi de l'un ou de l'autre de ces grades, doivent siéger comme juges au Conseil. — Le cas échéant où il n'existerait qu'une légion, et où il serait nécessaire de convoquer le Conseil de discipline pour juger, soit le Chef, soit le Lieutenant-Colonel de cette légion, il y aurait lieu de désigner par le sort, parmi les cinq légions les plus voisines, non-seulement le Colonel président, mais encore les deux Colonels ou Lieutenants-Colonels qui devraient siéger comme juges; et cette désignation devrait être faite par le Préfet conformément à l'art. 90.

Pour que le Commandant supérieur puisse régulièrement exercer la faculté de délégation qui lui est conférée (art. 89 *in fine*), il paraît indispensable qu'il réunisse au moins quatre légions sous son commandement. En admettant, en effet, qu'un Colonel ou Chef de légion soit cité devant le Conseil de discipline, deux Chefs de légion doivent être forcément appelés à siéger comme juges au Conseil. Or, pour que le Commandant supérieur puisse, en cas d'absence, de maladie, ou pour tout autre motif, déléguer la présidence à un Colonel, il faut, de toute nécessité, qu'il existe un quatrième chef de légion dans le ressort de son commandement. Autrement, les éléments lui manqueraient pour exercer le droit de délégation, qui ne peut, en tout état de cause et sous aucun rapport, excéder les limites dans lesquelles est renfermée son action comme Commandant supérieur.

C'est donc au Préfet qu'il appartient, aux termes de l'article

90, de désigner, par la voie du sort, parmi les chefs des autres légions existant dans le département, le Colonel qui devrait présider en remplacement du Commandant supérieur empêché, et, à défaut, parmi les Chefs des cinq légions organisées dans les départements les plus voisins.

Je n'ai pas besoin de faire remarquer, ajoute M. le Ministre, que ce nombre de quatre légions n'est pas indispensable, au même titre, s'il s'agit de juger un Lieutenant-Colonel, puisque dans l'espèce, il n'y a lieu que d'appeler simplement deux Lieutenants-Colonels pour siéger comme juges au Conseil de discipline.

Enfin, dans l'un et dans l'autre des cas prévus par l'article 89, la désignation par le sort est, en principe, une formalité obligatoire. En conséquence, le Conseil de discipline serait illégalement composé si le Colonel appelé à présider n'était pas désigné comme le veut la loi.

V. — Conseil de discipline pour les officiers.

« Art. 90, §§ 1 et 3. Lorsque l'inculpé est officier, deux officiers de » son grade entrent dans le Conseil de discipline en remplacement des » deux derniers membres. »

VI. — Conseil de discipline pour les Chefs de bataillon.

« Si l'inculpé est Chef de bataillon, trois officiers de ce grade entrent » dans le Conseil de discipline, le plus ancien comme président et les » deux autres comme juges, en remplacement des deux derniers » membres. »

Il résulte de cet article, que là où la Garde nationale est organisée à l'état de bataillon, les Chefs de bataillon sont justiciables des Conseils de discipline.

— L'inaccomplissement des formalités renfermées dans cet article entraînerait la nullité du jugement rendu par le Conseil de discipline.

— Les garanties accordées par l'article 90 ne s'appliquent ni aux sous-officiers, ni aux caporaux ni aux simples Gardes.

— Si un Conseil de discipline était appelé à juger un de ses membres, non pour contravention aux règles de service mais pour négligence à se rendre au Conseil, il n'est pas alors nécessaire qu'il soit composé extraordinairement.

— La fin de l'article 90, se rapporte à la question traitée au paragraphe précédent, relative au mode employé pour compléter le Conseil, il est ainsi conçu :

« Art. 90, § 2. Dans ce cas, comme lorsqu'il y a lieu de compléter » le Conseil institué par les articles 86 et 89 ; le Sous-Préfet, s'il n'y » a pas dans la commune ou dans le ressort du Conseil de discipline » un nombre suffisant d'officiers du grade de l'inculpé, désigne, par la » voie du sort, parmi les officiers du canton, et, s'il ne s'en trouve pas » dans le canton, parmi ceux de l'arrondissement, les juges qui doivent » compléter le Conseil de discipline. A défaut, le Préfet désigne par la » voie du sort, parmi les officiers du département, ou, s'il ne s'en trouve » pas du grade voulu dans le département, parmi les officiers des dé» partements voisins. »

VII. — Rapporteur et secrétaire.

« Art. 91. Il y a, par Conseil de discipline de bataillon ou de légion, » un rapporteur et un secrétaire, et autant de rapporteurs et de secré» taires adjoints que les besoins du service l'exigent. Leur nombre, » leur rang et le mode de leur nomination sont déterminés par les dé» crets du Président de la République. »

Les rapporteurs et secrétaires, suivant l'usage, pour les Conseils de discipline, de légion et de bataillon, ont le rapporteur le rang de capitaine, et le secrétaire celui de lieutenant.

Ces rapporteurs et secrétaires sont nommés par l'Autorité administrative, qui seule peut les suspendre ou les révoquer.

« *La circulaire du* 24 *avril* 1852 contient les observations suivantes : L'article 91 ne faisant mention que des Conseils de discipline, de bataillon ou de légion, par rapport aux rapporteurs et secrétaires qui doivent être institués auprès d'eux. Il semble, au premier abord, que la loi du 13 juin a omis de statuer en ce qui concerne les rapporteurs et secrétaires que comportent également les Conseils de discipline établis, conformément à l'article

85, pour les communes qui ont une ou plusieurs compagnies non réunies en bataillon. — Mais cette lacune n'est qu'apparente. — En disposant en effet, article 56, que les officiers et sous-officiers, rapporteurs et secrétaires des Conseils de discipline, sont choisis par le Sous-Préfet sur des listes de trois candidats désignés par le Chef de corps, la loi du 13 juin, de même que celle du 22 mars 1831, a évidemment pourvu à la nécessité de constituer un parquet spécial pour les Conseils de discipline de compagnies non réunies en bataillon. — Il ne peut donc exister aucun doute sur ce point. — En conséquence, les rapporteurs et secrétaires près les Conseils de discipline dont il s'agit doivent être, comme sous l'empire de l'ancienne législation, désignés par le Sous-Préfet de l'arrondissement, sur une liste de trois candidats présentés par le Chef de corps (art. 56).— Il est presque superflu de rappeler que, par cette dénomination de Chef de corps, il faut entendre le Capitaine le plus ancien ou, à défaut d'ancienneté, le plus âgé là où il existe plusieurs compagnies, et le Capitaine pour les communes qui ne possèdent qu'une compagnie. — De plus, ces candidats doivent nécessairement être choisis, suivant l'importance numérique des Gardes nationaux justiciables desdits Conseils de discipline, parmi les officiers ou sous-officiers composant les cadres des compagnies ; l'investiture des emplois de rapporteur et de secrétaire ne pouvant avoir pour effet de leur donner, dans l'espèce, un rang supérieur à celui du grade dont ils sont revêtus, en leur qualité d'officiers ou de sous-officiers.

» Enfin, d'après l'article 56, les Préfets ont le droit de révoquer ces rapporteurs et secrétaires sur l'avis du Maire et du Chef de corps ; et, en cas de révocation, il doit être procédé à leur remplacement suivant le mode indiqué plus haut pour leur nomination. Les Préfets devront se faire rendre compte fréquemment de la manière dont les rapporteurs et secrétaires remplissent leurs fonctions, et veiller à ce qu'aucun d'eux ne nuise, par sa négligence, à la régularité du service. Cette recommandation, du reste, concerne également les officiers rapporteurs et secrétaires des Conseils de discipline, de bataillon ou de légion, qui bien qu'ils tiennent leur nomination de l'Empereur, et ne puissent dès lors être révoqués que par un décret, n'en restent pas moins placés sous la surveillance directe de l'Autorité administrative. »

Les secrétaires remplissent auprès des Conseils de discipline, les mêmes fonctions que les greffiers auprès des tribunaux, et les rapporteurs remplissent celles des Procureurs impériaux.

Ce rapprochement ne constitue pas cependant une règle absolue.

Le rapporteur doit surveiller les citations et significations, actes faits à sa requête. La copie du jugement, jointe à la signification est faite par le secrétaire ; c'est lui qui délivre les expéditions des minutes, dont il est dépositaire, pour l'exécution ; il en fait aussi les copies pour les significations, significations qui sont signées par lui.

Les rapporteurs, tout en jouant le rôle du ministère public, ne peuvent cependant poursuivre directement les Gardes nationaux, les Conseils ne pouvant être saisis que sur l'ordre des Chefs du corps.

VIII. — Nombre des Juges nécessaires pour rendre les jugements.

« Art. 92. Les Conseils de discipline sont permanents ; ils ne peuvent
» juger que lorsque cinq membres, au moins, sont présents, dans les
» Conseils de bataillon et de légion, et trois membres, au moins dans
» les Conseils de compagnie. Les Juges sont renouvelés tous les quatre
» mois ; néanmoins, à défaut d'autres officiers du même grade, ceux
» qui en font partie ne sont pas remplacés. »

Malgré le nombre de Juges admis par cet article pour que le Conseil puisse juger, il faut cependant, à peine de nullité des jugements, et cette nullité est d'ordre public, que les Conseils de bataillon comprennent sept juges en exercice dans leur organisation (art. 88), et les Conseils de compagnie cinq membres (art. 87).

L'impossibilité de renouveler intégralement le Conseil de discipline, mentionnée dans l'article 92 *in fine*, ne peut se présenter que pour le Conseil de discipline formé près d'une seule compagnie.

IX. — Composition du tableau des membres du Conseil de discipline. — Conditions pour y être porté.

« Art. 93. Les membres des Conseils de discipline sont pris suc-
» cessivement, suivant l'ordre de leur inscription, sur un tableau dressé
» par le Président du Conseil de recensement, assisté du Chef de ba-
» taillon ou du Capitaine commandant, si les compagnies ne sont pas
» réunies en bataillon.

» Ce tableau comprend, d'après le contrôle du service ordinaire, par
» grade et par ancienneté : 1° tous les officiers, la moitié des sous-offi-
» ciers, le quart des caporaux ; 2° un nombre égal de Gardes nationaux
» de chaque bataillon, ou des compagnies de la commune, ou de la
» compagnie formée de plusieurs communes. Pour les Conseils de dis-
» cipline créés par l'article 86, le Préfet ou le Sous-Préfet dresse un
» tableau, par grade, des Colonels, Lieutenants-Colonels, Chefs de
» bataillon ou d'escadron et Capitaines.

» Les tableaux prévus aux deux paragraphes précédents, sont déposés
» au lieu des séances du Conseil de discipline où chaque Garde natio-
» nal peut en prendre connaissance. »

Ce tableau doit être dressé sur le contrôle du service ordinaire et tous les officiers par ordre de grade et d'ancienneté y sont portés ; l'âge ne déterminant la préférence qu'entre personnes du même grade. Les sergents-majors et les fourriers sont inscrits, aussi, les sergents-majors avant tous les autres sous-officiers, les fourriers parmi les sergents.

Il n'y a donc qu'une condition requise pour faire partie de ces Conseils, c'est l'inscription sur les contrôles du service ordinaire : pourvu que les personnes inscrites sur ce contrôle ne remplissent pas de fonctions salariées dans la Garde nationale.

Il n'y a pas d'incompatibilité entre les fonctions de membre de Conseil de recensement et celles de membre de Conseil de discipline dans la même circonscription de légion : le Conseil d'Etat avait décidé que les parents et alliés, jusqu'au degré d'oncle et de neveu inclusivement, ne pouvaient faire simultanément partie d'un même Conseil, soit comme juges, comme rapporteurs ou comme secrétaires, conformément à l'article 63 de la loi du 20 avril 1860. Mais la jurisprudence de la Cour de Cassation est contraire à cet avis, s'appuyant sur ce que les incompatibilités sont de droit étroit et qu'enfin les membres du Conseil doivent plutôt être assimilés aux jurés à cause de la simplicité de leur mission.

Les membres du Conseil ne sont pas tenus de savoir lire, ni écrire, excepté les présidents et secrétaires.

« *Circulaire du* 24 *avril* 1852. — Aux termes de l'article 9 du décret du 11 janvier 1852, ce n'est plus au Maire qu'appartient la présidence du Conseil de recensement, mais bien au Chef de bataillon dans les communes où la Garde nationale forme un bataillon, et au Capitaine commandant là où elle se compose d'une compagnie. Dans les localités, où la Garde nationale n'existe qu'à l'état de bataillon communal ou de compagnie, l'application du § Ier de l'article 93 de la loi du 13 juin se concilie facilement avec celle de l'article 9, précité, du décret du 11 janvier.

» Le tableau des membres du Conseil de discipline doit être dressé, dans le premier cas, par le Chef de bataillon, et dans le second cas, par le Capitaine de la compagnie. — De même, pour le Conseil de discipline à instituer dans les communes où il existe plusieurs compagnies non réunies en bataillon, c'est à celui des capitaines desdites compagnies, qui a été investi de la présidence du Conseil de recensement, qu'il appartient de dresser le tableau dont il s'agit.

» Dans ces diverses hypothèses, le Chef de bataillon ou le Capitaine doit se faire assister, pour cette opération, de tous les capitaines des compagnies soumises à la juridiction du Conseil de discipline.

» Il convient de suivre la même marche pour les Conseils de discipline de bataillons cantonaux, quoique le mode de formation de ces bataillons diffère de l'organisation communale, qui seule comporte l'institution des Conseils de recensement prescrits par l'article 9 du décret du 11 janvier.

» Cette mesure paraît commandée autant par la nécessité de maintenir une règle uniforme dans cette matière que par l'impossibilité de priver les chefs de ces bataillons de l'exercice d'une prérogative essentiellement liée à leur droit de présider les Conseils de discipline, et à l'intérêt qu'ils ont naturellement à la régulière composition du tableau des membres de ces Conseils.

» Seulement, ce n'est pas à titre de présidents de Conseils de recensement qu'ils ont, comme les Chefs de bataillons communaux, à intervenir dans la formation du tableau dont il s'agit, mais en leur qualité de Chefs de corps.

» En conséquence, ils doivent se faire assister, dans cette opération, de tous les officiers qui remplissent les fonctions de présidents de Conseil de recensement dans les diverses communes réunies pour former la circonscription desdits bataillons cantonaux. »

— Les mêmes règles s'appliquent en principe pour les inscriptions et les modifications dans les Conseils de discipline de légions.

« *Circulaire du 24 avril* 1852. — Il n'est point nécessaire que les tableaux soient affichés au lieu des séances des Conseils. Il suffit qu'ils y soient déposés, et que tous les justiciables puissent les consulter, et s'assurer par eux-mêmes de la légalité de la composition du Conseil de discipline.

» Quant aux Gardes nationaux qui font partie de ce tableau, l'instruction du 2 juillet 1831 avait établi comme règle la nécessité pour l'autorité qui l'avait dressé de leur faire connaître par lettre leur inscription à la colonne de tel grade et à tel rang. Cette formalité est utile à observer, encore bien que le dépôt du tableau au lieu des séances du Conseil de discipline puisse être rigoureusement considéré, pour les Gardes nationaux qui y sont inscrits, comme une notification légale de leur inscription. — En tout état de cause, les juges appelés à faire partie du Conseil doivent en être indispensablement informés par lettre spéciale, qui leur fera connaître qu'ils doivent siéger pendant quatre mois, à dater de telle époque. »

Par suite, si un prévenu allègue que la formation du Conseil appelé à le juger est contraire à l'ordre d'inscription du tableau général qui doit se trouver dans la salle des séances et exige la présentation de ce tableau pour le prouver, cette demande ne peut être écartée par le motif que ce tableau ne serait pas en ce moment à la disposition du Conseil. Le Conseil doit surseoir à statuer jusqu'à la vérification demandée. — L'absence du tableau n'est pas une cause de nullité. — Cette exception est couverte par la défense au fond et ne peut être invoquée pour la première fois devant la Cour de cassation si elle n'a pas été proposée devant le Conseil de discipline lui-même, avant tout débat au fond.

« Art. 94. Lorsque la Garde nationale d'une commune ou d'un canton n'a qu'un seul Conseil de discipline, les Gardes nationaux faisant » partie des armes spéciales sont justiciables de ce Conseil. S'il y a » plusieurs bataillons dans le même canton, les Gardes nationaux des » armes spéciales sont justiciables du même Conseil de discipline que » les compagnies de leur commune. S'il y a plusieurs bataillons dans » la même commune, le Préfet détermine de quel Conseil de discipline » ces Gardes nationaux sont justiciables. Dans ces trois cas, les officiers, sous-officiers, caporaux et Gardes nationaux des armes spéciales concourent pour la formation du tableau du Conseil de » discipline. »

On se refèrera pour ces dispositions à l'article 106 de la loi du 22 mars 1831. La loi du 13 juin n'a pas prévu ces cas, qui, du reste, se présenteront rarement ; mais, le cas échéant, dit la circulaire, il y aurait lieu d'assigner à ces formations, à raison de la nature spéciale de leur service, un Conseil de discipline particulier, à la constitution et à la composition duquel il devrait être procédé selon le mode prescrit pour les Conseils de discipline de bataillon.

« Art. 95. Tout Garde national qui a été condamné deux fois par le » Conseil de discipline, ou une fois par le Tribunal de police correctionnelle, est rayé pour une année du tableau servant à former le » Conseil de discipline. »

Il suffit que cette condamnation ait eu lieu pour n'importe quelle cause. Le rapporteur du Conseil donne son avis, et l'autorité à laquelle le soin de former le tableau est échu est chargée de requérir la radiation ; radiation qui est opérée dans les formes déterminées pour la confection du tableau (art. 93).

X. — Renouvellement du tableau.

Les membres du Conseil de discipline de bataillon et de compagnie, sont, nous l'avons vu dans l'art 93, pris successivement dans l'ordre de leur inscription au tableau. — Le renouvellement a lieu tous les quatre mois, mais à défaut d'autres officiers du même grade, ceux qui font partie du Conseil ne sont pas remplacés. — La Cour a décidé que le Conseil est légalement composé malgré que sa composition ait eu lieu sur un tableau non révisé dans l'année ; du reste, c'est aux Gardes nationaux à provoquer cette opération.

XI. — Installation. — Serment.

« *Circulaire du 24 avril* 1852. — L'installation des Conseils de discipline, de même que sous l'empire de la loi du 22 mars 1831, doit être remplie par le Maire de chacune des communes où siège un de ces conseils. Cette mesure est une conséquence du principe d'après lequel la Garde nationale est placée au degré de la hiérarchie administrative le plus rapproché des citoyens, sous l'autorité des Maires, principe qui est expressément rappelé par l'article 5 du décret du 11 janvier. — Seulement, les Maires agissent dans cette circonstance comme délégués du Préfet ou du Sous-Préfet. L'installation doit avoir lieu en séance publique indiquée quelques jours à l'avance, soit par affiche, soit par tout autre moyen de publicité suffisant. En conséquence, il sera dit, à l'ouverture de la séance, par le Maire, qu'en vertu de l'art. 87 de la loi du 13 juin 1851, et d'après le tableau dressé et déposé conformément à l'article 93, sont appelés à composer le Conseil de tel bataillon communal ou cantonal, ou de la compagnie, ou des compagnies de la commune non réunies en bataillon : M...., chef de bataillon, ou capitaine, en qualité de président ; MM...., capitaine, lieutenant, etc., etc., en qualité de juges ; — Que conformément à l'article 91, et en exécution du décret de l'Empereur ou de l'arrêté du Sous-Préfet (art. 56), en date de tel

jour, MM...., sont appelés à remplir auprès du Conseil de discipline les fonctions de rapporteur et de secrétaire, avec tel rang. — Il sera dressé procès-verbal de cette séance, et il sera donné connaissance aux Gardes nationaux, par la voie de l'ordre du jour, de cette installation ainsi que de l'entrée du Conseil en exercice. — Le président dudit Conseil pourra alors le convoquer sur la réquisition du rapporteur, ainsi qu'il est dit dans l'instruction du 10 octobre 1851, n° 22. « Le président du Conseil de dis-
» cipline, sur la réquisition du rapporteur, convoque le Conseil
» par lettre spéciale adressée à chacun des membres, et indique
» le jour de la séance. » — Quant au Conseil de discipline qu'il y aurait lieu de former pour juger les Colonels ou les Lieutenants-Colonels, il résulte implicitement du paragraphe 3 de l'art. 93 que c'est par le Préfet ou le Sous-Préfet qu'il doit être procédé à son installation. »

La formalité de l'installation des Conseils n'étant prescrite par aucune loi, un Conseil pourrait s'installer lui-même sans que cela dût entrainer la nullité des jugements.

CHAPITRE II.

COMPÉTENCE.

Comme pour toute juridiction répressive, la loi est venue limiter et circonscrire la compétence des Conseils de discipline.

Cette compétence s'exerce à raison des personnes, des délits et des peines.

I. — Compétence à raison des personnes.

L'inscription au registre matricule et au contrôle du service ordinaire rend le Garde national justiciable de la compétence des Conseils de discipline : c'est cette inscription qui détermine cette compétence quant à la qualité des personnes.

La juridiction de chaque Conseil ne s'étend, sauf le cas où il est saisi par renvoi de la Cour de Cassation, que sur les Gardes nationaux du corps pour lequel il a été institué, et sur les Gardes nationaux des armes spéciales qui en ont été déclarés justiciables dans les cas prévus par l'article 94 de la loi.

Les Conseils de discipline ne peuvent s'immiscer dans la formation ou dans la modification des contrôles. Nous avons vu que la loi avait institué des juridictions spéciales à cet effet.

II. — Compétence à raison des délits.

La compétence des Conseils de discipline ne s'exerce qu'à l'égard des infractions relatives au service, car certaines infractions sont du ressort de la police correctionnelle.

Pour les infractions commises dans le service ordinaire, il connaît de celles prévues et réprimées par les articles 73, 74,

75, 76 de la loi de 1851. Pour celles commises par les Gardes faisant partie des détachements en service ordinaire, il en connaît dans le cas de l'article 115.

Quoique la compétence des Conseils de discipline ne s'exerce qu'à l'égard des infractions relatives au service, ils connaissent cependant, par une exception commune à toutes les juridictions, des délits d'audience. (Art. 101, loi de 1851.)

Dans aucun cas, les Conseils de discipline ne peuvent connaître des faits compris dans les articles 81, 83, 84 de la loi de 1851. — Ces faits, quoiqu'ayant eu lieu dans le service sont renvoyés devant les Tribunaux correctionnels, comme nous le verrons plus tard.

Les Conseils de discipline ne peuvent, sans excès de pouvoir, statuer par voie générale et réglementaire, ils doivent statuer par voie de doctrine et de jugement. Ils ne peuvent connaître de ce qui se trouve rentrer dans les attributions de l'autorité administrative ; ni s'immiscer dans la formation et la modification du registre matricule et des contrôles du service. Cependant ils pourraient se déclarer illégalement constitués pour juger, si des suppléants de juges de paix figuraient dans leur sein, comme secrétaires ou rapporteurs. Ils peuvent aussi statuer sur la question d'identité du prévenu avec l'individu inscrit sur les contrôles ; cette question se liant au fond de la prévention et ne constituant pas un débat sur la légalité de l'inscription.

Les Conseils de discipline ne connaissent pas non plus du classement des Gardes nationaux dans les compagnies. Il faut cependant admettre qu'ils peuvent connaître de l'exception fondée sur l'âge ou l'extranéité, de celles qui s'appuient sur l'incompatibilité absolue des fonctions du prévenu avec celles de la Garde nationale.

Les Tribunaux disciplinaires seraient même compétents lorsqu'il s'agit de l'interdiction ou de l'exclusion légale comprise sous l'article 9 de la loi de 1851 et des cas compris sous l'article 8 de cette même loi : les dispenses elles-mêmes pourront être invoquées devant ces Tribunaux, car le service est simplement facultatif pour ceux qui sont désignés dans l'article 15 de la loi de 1851.

Toutefois ils sont incompétents pour apprécier les dispenses temporaires accordées par le Conseil de recensement ; le jury de révision seul peut apprécier si elles sont ou non entachées d'erreur.

III. — Cas où le Conseil doit surseoir.

Quoique compétent, le Conseil de discipline doit surseoir à statuer jusqu'à ce que l'autorité administrative ait vidé une question préjudicielle d'où dépend la question de savoir s'il a été commis ou non une infraction à la discipline. Ainsi, par exemple, si le prévenu déclare qu'il s'est pourvu contre la décision en vertu de laquelle il a été porté au registre matricule ou au contrôle de service et s'il prouve que son recours a été formé devant l'autorité compétente avant tout ordre de service. Cependant ce sursis n'est applicable qu'autant que la question préjudicielle a été soulevée, et la jurisprudence est unanime pour le repousser quand l'inscription du Garde national sur les contrôles n'a pas été préalablement attaquée.

Le prévenu sera ensuite acquitté ou condamné selon la décision du Conseil de recensement ou du jury de révision et le refus de service antérieur à la décision du jury de révision sera puni, si ce jury maintient le Garde national sur les contrôles.

Excuses. — La jurisprudence admet enfin que les Conseils disciplinaires sont compétents pour connaître des excuses.

En effet, le juge de l'action étant juge de l'exception, les infractions quoique constatées peuvent être excusées par les Tribunaux disciplinaires qui sont juges des motifs d'excuse : ces excuses en tant que questions de fait sont souverainement appréciées par eux. Cependant, si la cause de dispense était péremptoire et établie par acte authentique, la Cour suprême, qui dans les autres cas ne peut examiner les excuses, pourrait annuler le jugement qui aurait refusé d'admettre cette cause de dispense. — Ces excuses ne sont admissibles qu'autant qu'elles ne sont pas en contradiction avec la loi, c'est-à-dire, que l'article 65 du code pénal doit être suivi. Cependant la jurisprudence nous donne dans les cas suivants la preuve que les causes d'excuses ne sont pas limitées. On admet : 1° l'absence dûment constatée ; 2° la maladie ; 3° le retard dans la remise d'un ordre de service ; 4° l'irrégularité de l'ordre de service ; 5° l'urgence exceptionnelle de travaux nécessités par des évènements imprévus.

En matière de Garde nationale, nul n'est sensé ignorer la loi ; aussi l'ignorance d'une loi promulguée ne peut être invoquée comme excuse.

Les preuves se font par témoins, ou par preuves par écrit que le Conseil seul apprécie.

IV. — Renvois aux Tribunaux ordinaires.

De même que certains faits sont renvoyés à la police correctionnelle, de même, si, parmi les rapports, procès-verbaux ou plaintes dont le Chef de corps saisit le Conseil de discipline, il s'en trouve qui signalent des faits étrangers à la compétence du Conseil, comme aussi dans le cas où, le Conseil se déclare incompétent, il y a lieu de renvoyer devant les tribunaux ordinaires. Il appartient au rapporteur de transmettre au procureur impérial le rapport, le procès-verbal ou la plainte, les pièces de l'affaire, ainsi qu'expédition du jugement d'incompétence, s'il en a été rendu.

V. — Compétence à raison des peines.

« Art. 72. Les peines que les Conseils de discipline peuvent infliger » sont les suivantes : 1° la réprimande ; 2° la réprimande avec mise à » l'ordre des motifs du jugement ; 3° la prison pour six heures au » moins et trois jours au plus, avec ou sans mise à l'ordre ; 4° la pri- » vation du grade avec mise à l'ordre ; 5° la radiation des contrôles » avec mise à l'ordre.

» S'il n'existe dans la commune ni prison spéciale, ni local en tenant » lieu, la peine de la prison est remplacée par une amende de 1 fr. à » 15 fr., au profit de la commune du contrevenant. »

VI. — Peines que le Conseil doit prononcer.

« *Circulaire du* 10 *octobre* 1851. — Parmi ces peines, il en est que les Conseils de discipline ne peuvent se dispenser d'appliquer, dès qu'ils reconnaissent comme constantes les infractions que la loi en a expressément déclarées passibles. — Les autres sont facultatives, en ce sens qu'il appartient au Conseil de discipline d'en graduer l'application selon la gravité de l'infraction, qui, bien que devant toujours être punie, peut à des degrés divers, mériter sévérité ou indulgence.

Ainsi, il y a *obligation* pour les Conseils de punir :

1° De la prison pour six heures au moins et trois jours au plus, avec mise à l'ordre des motifs du jugement, tout Garde national qui, sans excuse légitime, ne s'est point rendu à l'appel lorsque l'ordre public était menacé (art.75). L'officier, le sous-officier ou le caporal doit de plus, dans ce cas, être privé de son grade (art. 75). Le Conseil peut, en outre, prononcer contre le condamné la radiation du contrôle du service ordinaire pendant un temps qui n'excèdera point cinq années, et ordonner l'affiche du jugement à ses frais.

2° De la prison pour six heures au moins et trois jours au plus, tout chef de poste ou de détachement, officier ou sous-officier, qui étant de service, s'est rendu coupable (art. 74) : d'inexécution d'ordres reçus ; — d'infraction à l'article 6 de la loi de 1851 (distribution de cartouches sans ordres, et sans qu'il y ait cas d'attaque de vive force) ; — de manquement à un service commandé ; — d'absence du poste non autorisée ; — d'inexactitude à signaler dans les formes requises les fautes commises par ses subordonnés ; — de désobéissance ; — d'insubordination ; — de manque de respect, de propos offensants ou d'insultes envers les officiers d'un grade supérieur ; — de propos outrageants envers un subordonné ; — d'abus d'autorité.

Dans ces divers cas, le Conseil de discipline peut prononcer de plus la mise à l'ordre s'il le juge convenable (art. 72).

3° De privation du grade avec mise à l'ordre : tout officier, sous-officier ou caporal qui, après une première condamnation est, dans les douze mois, puni de la prison pour une seconde infraction par le Conseil de discipline (art. 79). Dans l'espèce, la privation du grade doit être prononcée par le second jugement en même temps que la peine de la prison.

VII. — Peines que le Conseil peut prononcer.

Mais il y a faculté pour le Conseil de discipline de punir selon la gravité des cas :

1° soit de la réprimande, soit de la prison pour six heures au moins et trois jours au plus, avec ou sans mise à l'ordre ajoutée à l'une et à l'autre peine, soit de la privation du grade avec mise à l'ordre, tout officier qui, étant de service ou en uniforme, tient une conduite qui compromet son caractère ou porte atteinte à l'honneur de la Garde nationale (art. 73); — tout officier ou chef de poste, qui commet une infraction aux règles du service, à la discipline ou à l'honneur de la Garde nationale (art. 73); — qui contrevient à l'art. 5 de la loi de 1851, article défendant aux Gardes nationaux de prendre les armes, ou de se rassembler avec ou sans uniforme, sans l'ordre des chefs immédiats, ordres que ceux-ci ne peuvent donner sans une réquisition de l'autorité civile (art. 73);

2° de la réprimande simple ou de la réprimande avec mise à l'ordre, ou même de la prison pour deux jours au plus et pour trois jours en cas de récidive, tout sous-officier, caporal ou Garde national qui s'est rendu coupable (art. 76) ; d'inexécution d'ordres reçus, de désobéissance, d'insubordination, de refus d'un service commandé — (sont considérés comme services commandés, non-seulement les services ordonnés dans la forme ordinaire, mais encore les prises d'armes commandées par voie de rappel, ou de convocation verbale) : — de s'être mis en état d'ivresse ; d'avoir proféré des propos outrageants contre l'autorité ; d'avoir tenu une conduite portant atteinte à la discipline et à l'ordre ; d'avoir abandonné ses armes, sa faction ou son poste avant d'avoir été relevé ; — (peuvent être considérés comme abandon du poste, l'arrivée tardive au lieu du rassemblement, l'absence du poste sans autorisation, l'absence prolongée au-delà du terme fixé par l'autorisation) ; — d'avoir enfreint l'article 5 de la loi de 1851, précité. Est passible des mêmes peines (art. 76), tout sous-officier, caporal ou Garde national dont l'armement est mal entretenu, ou qui fait son service sans uniforme dans les communes où l'uniforme est obligatoire (art. 59) ;

3° De la radiation du contrôle du service ordinaire pour deux années au plus avec mise à l'ordre : tout Garde national qui, dans l'espace d'une année, a subi deux condamnations du Conseil de discipline (82). Dans ce cas, la radiation serait prononcée par le second jugement de condamnation.

VIII. — Radiation des contrôles.

La faculté conférée aux Conseils de discipline de rayer du contrôle du service ordinaire pour les cas prévus par les articles 75 et 82, constitue la partie la plus importante en même temps que la plus délicate de leurs attributions. Le refus de répondre à l'appel lorsque l'ordre public est menacé est, sans nul doute, un acte de mauvais citoyen, qui appelle une répression sévère dans l'intérêt de l'exemple ; mais il ne faut pas perdre de vue que la radiation, même temporaire, du contrôle de service ordinaire, outre qu'elle a pour conséquence de faire retomber sur les autres Gardes nationaux une surcharge de service, est, par elle-même, une mesure d'une extrême gravité. Elle ne doit donc être ordonnée qu'autant que, le Garde national étant évidemment animé d'un esprit d'hostilité ou de résistance systématique à l'accomplissement de ses devoirs, son maintien dans les rangs serait de nature à compromettre la discipline.

Cette nécessité d'une appréciation attentive se présente à plus forte raison, pour la radiation, que les Conseils de discipline ont le pouvoir de prononcer contre le Garde national qui a encouru deux condamnations disciplinaires dans le cours d'une année (art. 82). Ils ne doivent appliquer cette peine qu'avec la plus grande circonspection, la loi ne l'ayant prescrite que comme une garantie protectrice de la discipline ; et son vœu serait complètement méconnu si elle devenait un moyen de favoriser le mauvais vouloir d'un citoyen qui ne craindrait pas d'acheter une exemption de service, même au prix d'une condamnation. »

Maintenant que nous connaissons sous cet aspect les peines que les Conseils de discipline peuvent ou doivent appliquer, reprenons le commentaire des articles de la loi de 1851.

« Art. 73. Est puni, selon la gravité des cas, de l'une des peines » énoncées sous les nos 1, 2, 3 et 4 de l'article 72, tout officier qui, » étant de service ou en uniforme, tient une conduite qui compromet » son caractère ou porte atteinte à l'honneur de la Garde nationale ; » est puni de l'une des mêmes peines, selon la gravité des cas, tout » officier ou chef de poste qui commet une infraction aux règles de ser- » vice, à la discipline ou à l'honneur de la Garde nationale, et notam- » ment, qui contrevient à l'article 5 de la présente loi. »

Ces peines sont applicables à l'officier en uniforme même n'étant pas de service, car l'article dit *de service ou en uniforme*. Il punit toutes les infractions au service, même celles non définies par la loi.

« Art. 74. Est puni de la prison tout officier ou sous-officier, chef » de poste ou de détachement qui, étant de service, s'est rendu cou- » pable : d'inexécution d'ordres reçus ou d'infraction à l'article 6 de la » présente loi; de manquement à un service commandé ou d'absence » du poste non autorisée; d'inexactitude, à signaler, dans les formes re- » quises, les fautes commises par ses subordonnés ; de désobéissance, » d'insubordination, de manque de respect, de propos offensants ou » d'insultes envers les officiers d'un grade supérieur ; de propos ou- » trageants envers un subordonné ou d'abus d'autorité. »

Pour que cette peine soit encourue, il faut être de service. Quant à savoir si le service commandé l'a été régulièrement c'est au Conseil de discipline qu'il appartient d'examiner la validité de la convocation.

Les fautes des subordonnés doivent être signalées par voie de rapport : le rapport doit être écrit s'il est fait par le chef du poste, et verbal s'il est transmis par un inférieur au chef de poste.

Quant à l'abus d'autorité mentionné dans le dernier paragraphe de l'article 74, il ne faut pas le confondre avec l'excès de pouvoir. L'abus d'autorité laissant à supposer un caractère vexatoire qui n'existe pas dans l'excès de pouvoir.

IX. — Partie civile. — Plainte.

Le subordonné peut porter plainte, mais il ne peut se constituer partie civile; en effet, l'action en réparation d'un dommage étant la seule que puisse intenter la partie civile (art. 1, code d'inst. crim.), cette action serait sans objet devant le Conseil de discipline qui ne peut pas accorder de dommages-intérêts.

« Art. 75. Dans le cas où l'ordre public est menacé, tout Garde » national qui, sans excuse légitime, ne se rend pas à l'appel, est puni » d'un emprisonnement qui ne pourra excéder trois jours. — Tout officier, sous-officier ou caporal est en outre privé de son grade. — Le » jugement est mis à l'ordre. — Le Conseil de discipline peut, de plus » prononcer contre les condamnés la radiation des contrôles du ser- » vice ordinaire pour un temps qui n'excédera pas cinq années, et or- » donner l'affiche du jugement à leurs frais. — Tout Garde national » rayé des contrôles du service ordinaire est immédiatement désarmé. »

Cet article comprend les Gardes simples, comme les officiers et sous-officiers. Il faut remarquer que dans toute cette pénalité toutes les peines sont de droit, et que la radiation seule des contrôles est une mesure laissée à la discrétion des Conseils de discipline.

« Art. 76. Peut être puni, selon la gravité des cas, de la réprimande, » de la réprimande avec mise à l'ordre ou de la prison pour deux jours » au plus et trois en cas de récidive, tout officier, caporal ou Garde » national coupable d'inexécution des ordres reçus, de désobéissance, » d'insubordination ou de refus d'un service commandé. — Sont con- » sidérés comme services commandés, non-seulement les services com- » mandés dans la forme ordinaire, mais encore les prises d'armes par » voie de rappel ou de convocation verbale ;

» 2° Tout sous-officier, caporal ou Garde national de service qui est » en état d'ivresse, profère des propos offensants contre l'Autorité, ou » tient une conduite qui porte atteinte à la discipline ou à l'ordre ;

» 3° Tout sous-officier, caporal ou Garde national de service qui » abandonne ses armes, sa faction ou son poste avant d'être relevé ; » l'arrivée tardive au lieu de rassemblement ; l'absence du poste sans » autorisation, et l'absence prolongée au-delà du terme fixé par l'auto- » risation, peuvent être considérées comme abandon du poste ;

» 4° Tout officier, caporal ou Garde national dont l'armement est » mal entretenu, ou qui ne fait pas son service en uniforme, dans les » communes où l'uniforme est obligatoire. »

La désobéissance est le non-accomplissement volontaire d'ordres reçus ; l'insubordination au contraire, est une résistance obstinée aux ordres des chefs. Ceci reconnu, la jurisprudence admet que la Cour de Cassation peut examiner et apprécier le caractère des faits d'où le Conseil de discipline a fait résulter ces deux infractions.

Tout refus à un service commandé, quel que soit ce service, peut être puni dès la première fois de la prison, si le Conseil de discipline juge bon de prononcer cette peine.

Nous voyons l'article précédent comprendre les injures et outrages, mais il ne parle pas des voies de fait. Les voies de fait de la part d'un Garde vis-à-vis de son chef, n'étant pas prévues par la loi, doivent être regardées comme un délit rentrant dans le droit commun (art. 228 et 230 du Code pén.).

« Art. 77. Les infractions commises par les officiers de l'état-major » général, par les majors, adjudants-majors et les adjudants sous-offi- » ciers sont punies des peines suivantes : les arrêts simples ; les arrêts » forcés avec remise d'armes. — En aucun cas, ces arrêts n'excèdent » dix jours. — Les arrêts simples peuvent être appliqués par le supé- » rieur à l'inférieur. Les arrêts forcés ne sont prononcés que par le » Commandant supérieur ou le Chef de corps. »

« Art. 78. Pour les infractions prévues par l'article 76 de la présente » loi, les tambours-majors, tambours-maitres, tambours et trompettes » soldés peuvent être punis, par tout officier sous les ordres duquel ils » se trouvent, de la prison pour un temps qui n'excédera pas trois jours. » Dans les communes et les cantons où la Garde nationale est formée » en légion ou en bataillon, cette peine peut être, selon les circons- » tances, élevée jusqu'à dix jours de prison par le chef de légion ou le » chef de bataillon. »

« Art. 79. Est privé de son grade par le jugement de condamnation, » tout officier, sous-officier ou caporal qui, après une première con- » damnation, est, dans les douze mois, puni de la prison, pour une se- » conde infraction, par le Conseil de discipline. »

— Comme on le voit, l'article 79 est impératif. En outre, la peine de la privation du grade est de sa nature administrative, et l'accessoire de la peine principale ; aussi peut-elle être cumulée avec la prison. Mais cette peine ne peut être appliquée que dans les cas prévus par les articles 79 et 80.

« Art. 82. Tout Garde national qui, dans l'espace d'une année, a

» subi deux condamnations du Conseil de discipline, peut être par le » jugement qui prononce la seconde condamnation, rayé des contrôles » du service ordinaire, pour deux années au plus, avec mise à l'ordre. »

Cet article semble comprendre tous ceux qui font partie de la Garde nationale, officiers, sous-officiers et soldats, et ne faire aucune distinction entre les condamnations. Mais dans tous les cas, pour que cet article 82 puisse s'appliquer, il faut que la 1re condamnation ait acquis force de chose jugée. Du reste, nous avons vu plus haut ce que la circulaire du 10 octobre 1851 dit sur cet article. Ce qui ressort enfin de l'article, c'est que la radiation est facultative, mais que si elle est prononcée elle doit l'être avec mise à l'ordre.

X. — Commutation de la peine de la prison en amende.

Le Garde national devant subir la peine de la prison dans sa commune, l'article 72 *in fine*, dit : « que s'il n'existe dans la commune ni prison spéciale pour l'exécution des jugements du Conseil de discipline, ni local en tenant lieu, la peine de la prison est remplacée par une amende de 1 fr. à 15 fr., au profit de la commune du contrevenant. » Cette commutation n'a lieu que pour les Conseils de discipline, et elle a lieu de droit, la loi portant *la peine est remplacée*, etc.

XI. — De la Récidive.

Nous avons vu qu'en dehors des officiers, qui peuvent dès la première infraction, être condamnés à trois jours de prison (art. 72, 73 et 74), la récidive peut, dans certains cas prévus par l'article 76, être punie de trois jours de prison.

Il est utile de s'appesantir sur ce que l'on entend par récidive, car cette partie de la loi est souvent mal interprétée.

Comme l'indique son étymologie latine, la récidive *cadere re* (*rursum*) tomber de nouveau, implique une nouvelle infraction commise. Ainsi le Garde qui refuse pour la seconde fois un service d'ordre et de sûreté est en état de récidive ; toutefois, pour constituer cette récidive, il faut 1° que cette seconde infraction ait été commise après que la première a été l'objet d'une condamnation ; 2° que le jugement antérieur ait acquis force de chose jugée ; enfin que la seconde infraction ait eu lieu dans l'année de la première condamnation, conformément à l'article 483 du Code pénal qui est ainsi conçu : « Il y a récidive lorsqu'il a été rendu » contre le contrevenant, dans les douze mois précédents, un » premier jugement pour contravention de police commise dans » le ressort du même tribunal. »

Il est de toute évidence que les faits prescrits ne peuvent entrer en ligne pour constituer la récidive.

Cet état de récidive une fois prononcé, c'est alors que s'applique l'article 83 qui, dans le cas d'un troisième refus de service renvoie le Garde national devant la police correctionnelle.

Un second cas de récidive peut se présenter. Si dans l'année à partir du jugement correctionnel le Garde national commet encore une infraction, alors il est traduit de nouveau devant le tribunal de police correctionnelle. Une fois l'année expirée, le nouveau refus de service rentre dans la compétence du Conseil de discipline.

Voici au sujet de la question de récidive, une lettre du Parquet en date du 3 décembre 1851, qu'il est bon de connaître.

« Par votre dépêche du 23 novembre dernier, vous m'avez demandé de vous faire connaître mon opinion sur les deux questions suivantes : 1° est-il indispensable pour qu'un Garde national se trouve justiciable de la police correctionnelle que les » deux condamnations prononcées contre lui par le Conseil de » discipline aient été motivées par des refus de service, et que la » troisième infraction soit de même nature ? — ou bien, au contraire, les condamnations basées sur des infractions telles que » la désobéissance, l'insubordination, l'ivresse, le défaut d'uniforme peuvent-elles être considérées comme suffisantes pour » saisir la juridiction correctionnelle de la troisième infraction » commise dans l'année par le même Garde ? 2° deux jugements » rendus dans la même séance contre un Garde national, pour

» refus de service, suffisent-ils lorsqu'ils sont passés en force de » chose jugée pour épuiser la juridiction du Conseil de discipline ; et, dans le cas d'un nouveau refus de service, ce Garde » doit-il être cité devant la police correctionnelle ?

» J'ai l'honneur de vous informer que la première de ces questions s'est présentée le 26 novembre dernier devant le tribunal » correctionnel, 7ᵉ chambre, dans une affaire contre le sieur » Gesnoin, Garde à Vaugirard, et qu'elle a été résolue dans le » sens de la compétence exclusive des Conseils de discipline, » pour connaître de toutes les infractions à la loi du 13 juin 1851, » autres que les refus de service. Le tribunal a décidé que, d'après les termes formels de l'article 83 de cette loi, il ne pouvait être appelé à statuer que dans le cas *d'un refus de service* » postérieur à deux condamnations du Conseil de discipline, motivées sur *deux refus de service,* » et intervenues dans le cours » de la même année.

» Quant à la deuxième question, elle ne me paraît présenter aucun » doute sérieux. L'esprit de la loi est évidemment de ne soumettre un Garde à la juridiction correctionnelle que dans le » cas de double récidive ; or, il n'y a récidive légale que lorsqu'une nouvelle infraction est commise après une première » condamnation ; il faut nécessairement pour motiver l'aggravation de peine qu'il y ait persistance coupable après un premier » jugement. Tant que le Conseil de discipline n'a pas prononcé, » il peut intervenir plusieurs infractions de nature à entraîner » plusieurs condamnations, le cumul des peines étant admis en » matière disciplinaire ; mais il n'y a pas récidive, il est donc » certain que ces mots de l'article 83 de la loi de 1851, *en cas de* » *troisième refus après deux condamnations pour refus de service,* » doivent s'entendre de deux condamnations successives dont la » dernière a été basée sur une infraction postérieure à la première sentence, et non pas de deux jugements prononcés dans » une même séance. »

Les jugements qui peuvent motiver le renvoi en police correctionnelle, sont seulement ceux qui portent condamnations pour des manquements.

XII. — Renvoi pour incompétence.

Lorsque le fait imputé à l'inculpé n'est pas de la compétence du Conseil de discipline, le Conseil sur la réquisition du rapporteur et même d'office doit se déclarer incompétent. Le secrétaire transmet au capitaine-rapporteur le dossier de l'affaire composé des pièces suivantes :

1° Expédition du jugement d'incompétence ;

2° Id. de la feuille de renvoi ;

3° Id. des rapports ;

4° Inventaire des pièces du dossier.

S'il y a lieu à renvoi devant le tribunal correctionnel, conformément aux dispositions de l'article 83, de la loi du 13 juin 1851, les expéditions des deux jugements disciplinaires rendus contre l'inculpé ainsi que les significations sont jointes au dossier. Le rapporteur envoie le dossier à l'état-major général dans le mois de la déclaration d'incompétence.

TITRE III

RÉPRESSION CONFIÉE AUX TRIBUNAUX CORRECTIONNELS.

— En dehors des peines prononcées par les Chefs de corps e les Conseils de discipline, la loi dans certains cas donne juridiction aux tribunaux correctionnels en matière de Garde nationale. Ces cas sont ceux prévus par les articles 81, 83 et 84 comprenant : 1° la vente, détournement ou destruction d'armes, de munitions de guerre ou d'effets d'armement ; 2° le refus de service après deux condamnations dans l'année ; 3° le refus par les chefs de corps, de poste ou de détachement d'obéir aux réquisitions de l'autorité civile, enfin l'action sans réquisition et hors des cas prévus par la loi.

1. — Vente et détournement d'armes.

« Art. 81. Le Garde national qui vend, détourne ou détruit volon- » tairement les armes de guerre, les munitions ou les effets d'équipe- » ment qui lui ont été confiés, est traduit devant le tribunal de police » correctionnelle et puni de la peine portée en l'article 408 du Code » pénal, sauf l'application de l'article 463 du même Code. — Le juge- » ment de condamnation prononce la restitution au profit de la com- « mune, du prix des armes, munitions ou effets. »

La loi de 1851 dans son article 4, applique les peines portées en l'article 3 de la loi du 24 mai 1834, et punit d'un emprisonnement d'un an à deux ans, et d'une amende de 16 fr. à 1000 fr., la résistance à l'arrêté qui, lorsque la Garde nationale est suspendue, ou dans le cas de dissolution ordonne de rapporter les armes dans un lieu indiqué.

II. — Refus de service après deux condamnations dans l'année.

« Art. 83. Après deux condamnations pour refus de service, le » Garde national est, en cas de troisième refus de service dans l'année, » traduit devant le tribunal de police correctionnelle, et condamné à » un emprisonnement qui ne peut être moindre de six jours ni excé- » der dix jours. — En cas de récidive dans l'année, à partir du juge- » ment correctionnel, le Garde national est traduit de nouveau devant » le tribunal de police correctionnelle, et puni d'un emprisonnement » qui ne peut être moindre de dix jours, ni excéder vingt jours.—Il est, » en outre, condamné aux frais et à une amende qui ne peut être » moindre de 16 francs, ni excéder trente francs, dans le premier cas; » et dans le deuxième, être moindre de trente francs ni excéder cent » francs. »

— Pour que les tribunaux correctionnels soient compétents, il faut comme nous l'avons expliqué précédemment, que douze mois ne se soient pas encore écoulés depuis le premier jugement de condamnation; qu'il y ait eu deux condamnations antérieures; que ces condamnations aient acquis l'autorité de la chose jugée. En résumé, les tribunaux correctionnels sont seuls investis du pouvoir de réprimer une troisième infraction commise après deux condamnations prononcées dans l'année par les Conseils de discipline.

III. — Refus par les chefs d'obéir aux ordres de l'Autorité.

« Art. 84. Dans le cas où un chef de corps, poste ou détachement » est poursuivi devant les tribunaux, comme coupable des délits pré- » vus par les articles 234 et 258 du Code pénal, la poursuite entraîne » la suspension; en cas de condamnation, le jugement prononce la » perte du grade. »

— L'article 234 du Code pénal est ainsi conçu : « tout commandant, tout officier ou sous-officier de la force publique qui, après en avoir été légalement requis par l'Autorité civile, aura refusé de faire agir la force à ses ordres, sera puni d'un emprisonnement d'un mois à trois mois, sans préjudice des réparations civiles qui pourraient être dues aux termes de l'article 10 du même code, L'article 258 de son côté porte : Quiconque, sans titre, se sera immiscé dans des fonctions publiques, civiles ou militaires, ou aura fait les actes d'une de ces fonctions sera puni d'un emprisonnement de deux à cinq ans, sans préjudice de la peine de faux si l'acte porte le caractère de ce crime. »

IV. — Forme des renvois en police correctionnelle.

— Tout Garde national qui aura subi deux condamnations pour deux manquements, et sera pour la troisième fois dans le cas d'être appelé au Conseil, sera traduit devant le Tribunal de police correctionnelle.

Cette disposition ne peut soulever aucune difficulté au fond, mais il faut s'appesantir sur la manière dont elle doit être exécutée.

Rappelons d'abord que l'article 83 de la loi de 1851 est impératif et absolu. Le Garde national déjà condamné deux fois pour deux manquements, ne peut être jugé une troisième fois dans l'espace de douze mois, par le Conseil de discipline pour des faits postérieurs au second jugement. Les pouvoirs de ce Conseil sont épuisés, il est désormais incompétent; et cette incompétence est d'ordre public. Le Conseil qui méconnaîtrait cette règle importante verrait infailliblement son jugement cassé par la Cour suprême, qui, déjà plusieurs fois, a consacré ce principe.

Mais qui doit saisir le Tribunal de police correctionnelle? La loi est muette sur ce point; or, il faut que l'usage dans les Légions soit uniforme. L'article 82, exige pour qu'un homme soit renvoyé devant le Tribunal de police correctionnelle, qu'il ait encouru deux condamnations pour deux manquements, et qu'il se trouve dans le cas d'en encourir une troisième dans l'espace d'une année. Ces mots *deux condamnations* indiquent clairement que le législateur veut qu'il y ait deux jugements devenus définitifs portant deux condamnations.

Or, il peut arriver que les jugements n'aient pas acquis ce caractère qui seul leur donne la force exigée par la loi ; il peut arriver du moins que le Garde condamné élève cette prétention, qu'il arguë de nullité une signification, qu'il nie même l'existence d'un jugement. Ni le Rapporteur, ni le Chef de la Légion, ni même le Général Commandant Supérieur ne peut trancher cette question, le Conseil de discipline seul le peut. Ce Conseil est donc seul appelé à prononcer le renvoi. Mais comment le doit-il prononcer ?

Le Garde national qui se trouve dans le cas prévu par l'article 83, est porté sur les feuilles de renvoi avec les autres Gardes que le Colonel veut faire citer devant le Conseil de discipline, il est compris dans l'ordre d'information.

Le devoir du Rapporteur est donc de le faire citer devant le Conseil. A l'audience, il fait connaître la position disciplinaire de cet homme, et requiert le Conseil de déclarer son incompétence et de renvoyer le prévenu devant qui de droit. Ce dernier peut présenter et faire valoir les exceptions qu'il croit de nature à écarter le renvoi ; le Conseil juge ces exceptions, s'il les trouve mal fondées il fait droit aux réquisitions du Rapporteur, déclare son incompétence et renvoie le prévenu devant les juges appelés par la loi à le juger. Ce jugement d'incompétence et de renvoi est motivé, rédigé comme tous les jugements ; le Rapporteur par la voie de l'Etat-Major général transmet les pièces au Procureur Impérial.

Il est de la plus grande importance que les dossiers ainsi transmis par le capitaine Rapporteur soient complets, c'est-à-dire, contiennent toutes les pièces nécessaires pour éclairer les juges appelés à statuer ; c'est, à la manière incomplète dont ces dossiers sont trop souvent composés que l'on doit attribuer en grande partie les acquittements prononcés par le Tribunal correctionnel.

Pour éviter ce grave inconvénient, au nombre des imprimés qui sont distribués au Conseil, on a mis un modèle d'inventaire des pièces qui doivent nécessairement composer le dossier transmis au Procureur Impérial. A l'aide de cet imprimé, le Secrétaire sera toujours au courant des actes qu'il doit recevoir et envoyer au Rapporteur.

L'exécution de l'article 82 de la loi de 1851, présente deux autres questions qu'il importe de résoudre.

1° Les manquements antérieurs au 2e jugement de condamnation, mais non compris, non punis par ce jugement, peuvent-ils motiver le renvoi du coupable devant le Tribunal de police correctionnelle?

Pour décider cette question, il suffit de se pénétrer de l'esprit de cet article 82.

Pour qu'il y ait lieu à renvoi devant le Tribunal de police correctionnelle, il est nécessaire qu'il y ait une seconde récidive. Or, d'après le sens légal du mot, il n'y a récidive que lorsqu'un nouveau fait coupable a été commis postérieurement au jugement de condamnation du premier fait coupable. Ce n'est en effet qu'après le jugement portant condamnation que le coupable est légalement averti qu'il ne peut plus commettre le même fait sans augmenter sa culpabilité, sans devenir récidiviste. Ce raisonnement s'applique à la double récidive prévue par l'art. 82, qui aggrave beaucoup la peine encourue, et change les juridictions chargées de l'appliquer.

Les manquements (arrêt de la Cour de Cassation du 27 juin 1834), antérieurs au deuxième jugement de condamnation, ne peuvent donc motiver le renvoi en police correctionnelle, mais ces manquements ne doivent pas rester impunis.

La jurisprudence de la Cour de Cassation a décidé que, les dispositions de l'art. 365 du code d'instruction criminelle n'étaient pas applicables aux contraventions relatives à la Garde nationale, c'est-à-dire, que dans cette matière le Conseil de discipline pouvait ou plutôt devait, prononcer autant de condamnations qu'il y avait de faits condamnables. Tous les manquements qui précèdent le second jugement, qui par conséquent ne peuvent constituer la deuxième récidive, seule limite de la compétence des Conseils de discipline, doivent donc être jugés par ce Conseil qui prononce autant de condamnations qu'il existe de faits condamnables.

La deuxième question est celle de savoir quelle est la juridiction compétente pour juger les nouveaux manquements commis par un Garde national, déjà traduit devant le Tribunal de police correctionnelle, mais non encore jugé par le Tribunal?

Comme il se passe un assez long temps entre le jour du renvoi et celui du jugement, pendant ce temps, le Garde national peut commettre de nouveaux manquements au service ; il est important de pouvoir le faire juger, sans quoi le renvoi en police correctionnelle serait en réalité une exemption temporaire de service.

La loi ne prévoit pas clairement cette difficulté, mais en étudiant le texte de l'article 82, il est facile de résoudre la question.

Cet article veut que le Garde national contre lequel le Conseil de discipline a prononcé deux condamnations passées en force de chose jugée, s'il se rend coupable dans le cours d'une année (douze mois à partir du premier jugement disciplinaire) de nouveaux manquements de nature à autoriser de nouvelles condamnations soit jugé par le Tribunal correctionnel. C'est donc à ce Tribunal que tous les manquements commis dans l'année et excédant les deux condamnations doivent être soumis. Ainsi donc, si dans l'espace de douze mois le même Garde national après avoir encouru deux condamnations par le Conseil de discipline se rend coupable de fautes de nature à entraîner deux autres condamnations, il doit être renvoyé deux fois devant le Tribunal de police correctionnelle.

Ce Tribunal examinera s'il y a eu une récidive dans le sens de l'art. 82. Il y aura récidive si la dernière faute a été commise postérieurement au premier jugement du Tribunal ; si au contraire elle est antérieure, il n'y aura pas récidive, mais il y aura lieu à prononcer deux condamnations simples, et au cumul des peines.

Ainsi donc, le Garde national renvoyé devant le Tribunal de police correctionnelle, inculpé de nouveaux manquements au service dans le cours d'une année (douze mois), à partir du premier jugement disciplinaire, sera de nouveau renvoyé devant ce Tribunal de la même manière et dans la même forme que lors du premier renvoi.

TITRE IV.

I. — Prescription.

On ne trouve aucune disposition spéciale relativement à la prescription en matière de contravention à la loi sur la Garde nationale. Aussi, faut-il décider que l'on doit appliquer le droit commun en matière de contravention de police (art. 640, Code d'inst. crim.).

Il a du reste été jugé que les infractions au service passibles de l'emprisonnement, étaient prescrites lorsqu'il s'était écoulé un an depuis qu'elles avaient été commises, sans qu'il soit intervenu de jugement; et que ce moyen devait même être suppléé d'office. La disposition de l'article 640 du Code d'Inst. crim., qui fait courir la prescription du jour de la notification du jugement de nature à être réformé, s'applique aussi bien aux jugements par défaut qu'aux jugements contradictoires susceptibles d'appel.

II. — Grâce. — Amnistie.

Ce droit n'appartient qu'au Souverain. Celui qui veut y avoir recours doit déposer sa pétition à l'Etat-Major général. Cette pétition est renvoyée au Chef de bataillon qui la communique : 1° au Capitaine de la compagnie ; 2° au Capitaine-Rapporteur. Chacun de ces officiers donne son avis écrit et motivé, ainsi que le Chef de bataillon, qui retourne ensuite le recours à l'Etat-Major général.

III. — Cumul des Peines.

La Cour a reconnu que l'article 365, § 2, du code d'instruction criminelle, n'est applicable qu'aux crimes et délits, et non aux infractions prévues par la loi pénale, et spécialement à celles du service de la Garde nationale. Aussi, le Garde national prévenu et cité pour plusieurs doubles manquements à des services d'ordre et de sûreté, peut être condamné à autant de peines d'emprisonnement distinctes, sans que le Conseil de discipline soit tenu de les confondre. (Crim. rej. 19 janvier 1849, aff. Bien).

Toutefois, il ne faudrait pas que ces peines soient en contradiction avec l'article 72 § 3 de la loi du 13 juin 1851, qui porte que les Conseils de discipline ne peuvent infliger la peine de la prison que *pour six heures au moins et trois jours au plus.* (Voir pour le cumul des peines, page 58.)

TITRE V

PROCÉDURE DEVANT LE CONSEIL DE DISCIPLINE.

I. — Manière dont le Conseil est saisi.

« Art. 96. Le Conseil de discipline est saisi, par le renvoi que lui » fait le Chef de corps, de tous les rapports, procès-verbaux ou plaintes » constatant les faits qui peuvent donner lieu à une poursuite. Lors- » qu'il y aura lieu à poursuite contre le Chef de corps, le Conseil sera » saisi par le Préfet. »

II. — Ordre de renvoi.

— Dans le département de la Seine, le Conseil conformément à cet article, se trouve saisi par l'ordre de renvoi fait par le Commandant supérieur, contenant toutes les indications exigées par le modèle de la feuille de renvoi (modèle n° I). Ces ordres, les rapports et autres pièces à l'appui sont transmis au Capitaine-Rapporteur.

L'ordre de renvoi est le premier acte, il sert de base à toute la procédure et doit désigner clairement l'inculpé, énoncer d'une manière complète le fait qui lui est reproché, et être accompagné des plaintes, rapports ou procès-verbaux qui constatent les faits.

Comme on le voit sur le modèle n° 1, il y a un numéro d'ordre dont la série doit être suivie toute l'année, et qui reporté sur les principales pièces de la procédure facilite les recherches ultérieures.

— De l'article 96, il résulte enfin que le Rapporteur ne peut poursuivre d'office une contravention commise par un Garde national.

— Le Conseil peut être aussi saisi d'une affaire par le renvoi que lui en fait la Cour de Cassation, sur l'annulation d'un jugement.

—Le Chef de corps, à Paris le Commandant supérieur, adresse ces rapports, procès-verbaux ou plaintes au Président du Conseil de discipline, qui les transmet au Rapporteur, lequel les remet au Secrétaire.

Le Chef de corps, à Paris le Commandant supérieur, peut discrétionnairement saisir ou ne point saisir le Conseil des rapports et plaintes qui lui sont adressés.

— A mesure que ces pièces arrivent entre les mains du Secrétaire, il les inscrit sur le registre journal à ce destiné, qui doit être paraphé par première et dernière page par le Président du Conseil.

Il est utile que le délai qui s'écoulera entre l'envoi des pièces et le jugement qui en sera la conséquence, ne soit pas de plus de 10 jours.

II. — Convocation des membres du Conseil.

— Le Rapporteur remplissant les fonctions du Ministère public, et étant chargé des poursuites, c'est à lui qu'appartient de demander la convocation du Conseil de discipline. Il doit donc s'entendre à cet effet avec le Chef de bataillon Président du Conseil qui, lui, doit le convoquer. Cette convocation se fait au moyen de lettres spéciales adressées à chacun des membres avec indication du jour de la séance (modèle 2).

En cas d'urgence, dit la circulaire ministérielle du 10 octobre 1851, le Président peut convoquer d'office le Conseil après en avoir prévenu le Rapporteur.

III. — Absence des Membres.

« Art. 98. En cas d'absence, tout membre du Conseil de discipline » non valablement excusé, est condamné par le Conseil de discipline » à une amende de cinq francs à quinze francs au profit de la commune » du contrevenant, et il est remplacé par l'officier, sous-officier, capo- » ral ou Garde national qui doit être appelé immédiatement après lui. » Dans les Conseils de discipline des bataillons cantonaux, le juge » absent est remplacé, d'après l'ordre du tableau par un officier, sous- » officier, caporal ou Garde national du lieu où siège le Conseil. »

Le Capitaine-Rapporteur fait l'appel des membres convoqués à l'ouverture de la séance. Il peut être remplacé par l'un des membres du Conseil ayant le grade correspondant ou s'en rapprochant le plus. Le Secrétaire peut être remplacé par un simple Garde national du bataillon. Il est statué soit au commencement soit à la fin de la séance, sur les réquisitions que le Capitaine-Rapporteur croit devoir prendre contre les membres absents.

Le Conseil peut siéger tous les jours, même les jours fériés. Les membres du Conseil siègent en uniforme; les officiers en tenue de service, les sous-officiers, caporaux et Gardes avec le ceinturon et le sabre. Le tambour-maître exerce les fonctions d'appariteur près le Conseil.

IV. — Citation du prévenu.

« Art. 97. L'officier rapporteur fait citer l'inculpé. La citation est » portée à domicile par un agent de la force publique. Si cet agent ap- » partient à un corps soldé, il ne peut être employé que sur la réqui- » sition de l'Autorité municipale. »

C'est donc au Capitaine-Rapporteur à faire citer tous les prévenus portés sur les feuilles de renvoi. C'est lui qui doit dresser les originaux de citation (modèle 3). Ces originaux peuvent être collectifs, et ils contiennent toutes les formalités exigées pour la validité des exploits. Chacune de ces citations doit porter un numéro qui est reporté sur chacun des actes de la procédure.

Les copies des citations doivent être individuelles (modèles 4 et 5), elles sont signifiées par l'agent de la force publique à chaque Garde national.

La citation doit être signée par le Capitaine-Rapporteur, faire mention du fait incriminé, et fixer le jour de la séance où l'affaire sera appelée.

Le Capitaine-Rapporteur peut requérir directement pour porter ces citations tous les agents de la force publique, dits agents municipaux appartenant à la commune de l'inculpé, les gardes-champêtres, agents de police, sergents de ville, concierges de la commune, tambours-appariteurs, tambours-maîtres, tambours de la Garde nationale, pourvu que tous ces agents soient assermentés. Quant aux agents soldés, comme Gardes municipaux et Gendarmes, il faut une réquisition du Maire. Dans le 2e cas, l'agent doit au bas de la citation déclarer par qui il a été requis.

La copie doit être remise à domicile, et elle serait nulle si elle était remise à un domicile qui ne serait pas celui du Garde national. Il n'y a du reste aucune forme requise, il suffit qu'il soit constant que ces citations ont été reçues par le prévenu et qu'elles ont été remises par un agent de la force publique. Elle doit contenir la date, la signature de l'agent porteur, la mention de la personne à qui elle a été remise. Le prévenu doit être désigné de manière à éviter toute erreur sur son individualité. L'infraction doit être mentionnée dans l'acte afin que l'inculpé sache sur quoi se défendre ; ces formalités sont exigées à peine de nullité.

La comparution de l'inculpé et sa défense au fond couvrent ces nullités (art. 175, code pr. civ.). La copie de la citation est laissée à l'inculpé, et l'original collectif rapporté au Secrétaire qui en prend date pour la séance fixée.

Cette citation comprend donc deux parties : 1° la citation par le Rapporteur et la réquisition par lui adressée à l'agent de la force publique; 2° la signification faite en vertu de cette réquisition.

V. — Citation des témoins.

Si le Capitaine-Rapporteur croit utile d'appeler des témoins, ou si le Conseil ordonne leur comparution, la citation est donnée en la même forme, mais sur un modèle spécial (modèle n° 6).

Ces citations doivent porter le numéro de l'affaire dans laquelle ces témoins doivent être entendus. L'original ou les originaux des citations sont soumis à l'enregistrement et remis au Secrétaire.

VI. — Délai pour la comparution.

— L'article 103 de la loi du 13 juin 1851, assimilant les Conseils de discipline aux tribunaux de simple police, le délai pour la comparution, conformément à l'article 146 du Code d'instruction criminelle, ne doit pas être moindre de vingt-quatre heures, et autant que possible ne pas excéder trois jours.

Il est accordé un jour par trois myriamètres de distance entre le domicile de l'inculpé et le lieu des séances du Conseil de discipline.

Les citations signifiées, l'original enregistré est remis par le tambour-maître au Secrétaire du Conseil afin qu'il puisse porter toutes les affaires sur le registre-minute dont il va être parlé.

VII. — Comparution et défaut.

« Art. 99. Le Garde national cité comparait en personne ou par un » fondé de pouvoirs. — Il peut être assisté d'un Conseil. »

Il a été jugé qu'un pouvoir verbal pouvait même être suffisant.

« Art. 100. Si le prévenu ne comparait pas au jour et à l'heure fixés » par la citation, il est jugé par défaut. Comme nous le verrons plus » loin, dans le cas où un jugement par défaut a été prononcé, l'oppo- » sition doit être formée dans les trois jours à compter de la notifica- » tion du jugement, et elle peut même être faite au bas de la signification.

» L'opposant sera cité à la plus prochaine audience du Conseil de » discipline.

» Si au contraire il n'y a pas d'opposition ou si l'opposant ne com- » parait pas à la séance indiquée, le jugement par défaut devient défi- » nitif. »

Il est bon de rappeler ici que faire défaut n'est pas commettre un délit ou une contravention, il n'y a là aucune aggravation à l'infraction commise. Faire défaut est un droit légitime aussi sérieux que celui de défense. D'où il suit, qu'on ne peut aggraver la peine encourue en invoquant ce défaut. Et la Cour suprême a annulé des jugements des Conseils de discipline qui avaient vu dans l'exercice de cette faculté un motif d'aggravation de peines.

— Le délai de trois jours de l'opposition ne commence à courir que lorsque la signification a été régulièrement faite : ainsi, le délai ne courrait pas si la signification n'avait pas été faite au domicile réel du condamné.

En effet, l'article 116 indique clairement que la signification du jugement, c'est-à-dire la connaissance de la condamnation légalement donnée au condamné, peut faire courir le délai d'opposition. Or, pour être légale, la signification doit remplir certaines conditions, elle doit être faite dans une certaine forme, et si ces formes ne sont pas remplies, l'acte est nul, il ne produit aucun effet et ne peut faire courir le délai de l'opposition.

— L'opposition peut être formulée de toutes manières ; on n'a pas besoin d'huissier, mais on doit la déclarer au secrétariat du Conseil.

— Il n'est pas nécessaire que les membres du Conseil de discipline qui statuent sur l'opposition par défaut, soient les mêmes que ceux qui avaient rendu le jugement.

— Rien n'empêche le Conseil de discipline de statuer par un même jugement sur l'opposition à un jugement par défaut et sur le fond.

— On doit aussi faire remarquer que le jugement rendu sur une opposition doit prendre la cause dans l'état où elle était lors du jugement par défaut, et que le Conseil ne peut pour appliquer la peine, apprécier les faits postérieurs au jugement par défaut. Il y aurait là un excès de pouvoir. L'opposition remet tout en cause : et, en statuant sur cette opposition, le Conseil épuise sa juridiction.

Le jugement par défaut est signifié dans les formes prescrites pour la remise des citations (modèles 6, 7), et le Secrétaire doit donner un récépissé de l'opposition à l'opposant (modèle 13).

VIII. — Publicité et Police de l'audience.

« Art. 101, § 1. L'instruction de chaque affaire devant le Conseil est » publique à peine de nullité. »

Tout jugement ne contenant pas la mention de cette formalité est entaché de nullité.

« Art. 101, § 2. La Police de l'audience appartient au Président qui » peut faire expulser ou arrêter quiconque troublerait l'ordre. — Si ce » trouble est causé par un délit, il est dressé procès-verbal par le Se- » crétaire sur l'ordre du Président. — L'auteur du trouble est jugé im- » médiatement par le Conseil si c'est un Garde national, et si la faute » n'emporte qu'une peine que le Conseil puisse prononcer. — Dans tout » autre cas, le procès-verbal est transmis au Procureur de la Répu- » blique, et, s'il y a lieu, le délinquant est mis à la disposition de ce » magistrat. »

Tout ce qu'ordonne le Président pour le maintien de l'ordre doit être exécuté ponctuellement, et sur le champ. Il peut, à cet effet, faire au chef du poste toutes les réquisitions qu'il juge convenables, et celui-ci doit y déférer immédiatement.

Tout ordre d'arrestation d'un individu troublant l'audience est rédigé par écrit, et signé par le Président qui en donne avis immédiat à l'Etat-Major général. Le Conseil de discipline prononce séance tenante, sur les faits commis à l'audience, si le délinquant appartient au bataillon, et si le fait incriminé est de la compétence du Conseil. Le jugement est transcrit sur le registre-minute (modèle 8).

Les procès-verbaux constatant des faits qui excèdent la compétence du Conseil, sont de suite envoyés par le Président à l'Etat-Major général.

Le Président a le droit de ramener le prévenu ou son défenseur aux questions de la cause lorsqu'il s'en écarte; et même il peut lui retirer la parole s'il sort des bornes de la défense ou de la modération.

IX. — Instruction de l'affaire devant le Conseil de discipline.

Nous venons de voir que le 1er principe était la publicité constatée de l'audience.

« Art. 102. L'instruction devant le Conseil a lieu de la manière suivante : Le Secrétaire appelle l'affaire.

» En cas de récusation, le Conseil statue. Si la récusation est admise, » le Président appelle, selon les règles établies par l'article 98, les Juges » suppléants nécessaires pour compléter ce Conseil. — Si le prévenu » décline la juridiction du Conseil de discipline, le Conseil statue d'a- » bord sur sa compétence ; s'il se déclare incompétent, l'affaire est ren- » voyée devant qui de droit. — Les témoins, s'il en a été appelé par le » Rapporteur ou l'inculpé, sont entendus, après avoir prêté le serment » prescrit par l'article 155 du Code d'inst. crim. En cas de non-compa- » rution, tout témoin non-valablement excusé est condamné, par le » Conseil de discipline, à une amende de un franc au moins et de quinze » francs au plus. — Le prévenu ou son Conseil est entendu. — Le » Rapporteur donne ses conclusions.— L'inculpé ou son fondé de pou- » voirs et son Conseil peuvent présenter leurs observations. Le Con- » seil délibère en secret et hors de la présence du Rapporteur ; le juge-

» ment est motivé, il est prononcé en séance publique, et signé du
» Président et du Secrétaire du Conseil. »

Le Rapporteur ayant préparé la feuille d'audience qu'il doit tenir (modèle 7), chaque cause est appelée dans l'ordre fixé par le Président.

X. — Lecture des pièces.

Le Secrétaire donne lecture des pièces qui ont trait à l'affaire appelée; or, cette formalité est obligatoire à peine de nullité.

XI. — Cumul des peines.

Lorsqu'un Garde national est cité distinctement pour plusieurs infractions, le Conseil n'est pas tenu de joindre les instances. (Voir page 58.)

XII. — Questions préjudicielles.

Lorsque le prévenu élève à l'audience une question préjudicielle, le Conseil doit statuer sur cette question par une disposition spéciale, mais qui peut se trouver dans le jugement même du fond.

XIII. — Récusation.

Les causes de récusations peuvent être tirées à la fois de l'article 44 et de l'article 378 du Code de procédure civile.

Ces cas sont les suivants : (art. 44, Code de proc. civ.) 1° quand les Juges auront intérêt personnel à la contestation ; 2° quand ils seront parents ou alliés d'une des parties jusqu'au degré de cousin germain inclusivement; 3° si, dans l'année qui a précédé la récusation, il y a eu procès criminel entre eux et l'une des parties, ou son conjoint, ou ses parents et alliés en ligne directe; 4° s'il y a procès civil entre eux et l'une des parties ou son conjoint; 5° s'ils ont donné un avis écrit dans l'affaire. — Enfin, suivant l'art. 378 du Code de proc. civ., 6° si le Juge est parent ou allié des parties ou de l'une d'elles, jusqu'au degré de cousin issu de germain inclusivement; 7° si le Juge a donné conseil, plaidé ou écrit sur le différend ; s'il en a précédemment connu comme juge ou comme arbitre ; s'il a sollicité ou fourni aux frais du procès ; s'il a déposé comme témoin ; si depuis le commencement du procès, il a bu ou mangé avec l'une ou l'autre des parties dans leur maison, ou reçu d'elle des présents ; 8° s'il y a inimitié capitale entre lui et l'une des parties ; s'il y a eu de sa part agression, injures ou menaces, verbalement ou par écrit, depuis l'instance ou pendant les six mois précédant la récusation proposée.

Toute récusation doit être présentée avant toute défense, sinon elle sera déclarée non-recevable. Elle doit être proposée en termes formels pour que les causes en soient vérifiées. Tout membre du Conseil de discipline qui se croit dans un cas de récusation, doit en faire part au Conseil, mais il ne doit s'abstenir qu'autant que le Conseil a admis ses motifs. Le Rapporteur étant toujours partie principale, ne peut être récusé : il peut, cependant, comme tout autre Juge, demander à s'abstenir s'il s'y croit fondé, et le Conseil apprécie ses motifs. — Le jugement qui statue sur une récusation doit, à peine de nullité, être motivé comme tous les autres. Ce jugement serait nul pour violation de la loi, si au lieu de statuer par des motifs distincts et séparés sur la récusation proposée, il se bornait à la déclarer purement et simplement inadmissible. Enfin, il faut à peine de nullité que le Rapporteur soit entendu dans ses conclusions au sujet de la récusation, et que mention en soit faite dans le jugement.

Les causes de récusation n'étant pas d'ordre public, le Conseil n'est point tenu de suppléer d'office au silence de l'appelé, et de proposer d'office les récusations. La demande d'abstention à la différence de la récusation est recevable en tout état de cause. Les membres récusés peuvent prononcer sur leur récusation. Le membre de Conseil qui a déposé devant le Conseil, à titre de témoin, doit se récuser à peine de nullité du jugement auquel il aurait pris part.

XIV. — Déclinatoire. — Incompétence.

Si le prévenu propose une exception d'incompétence, le Conseil prononce d'abord, et par jugement séparé, sur sa compétence et statue ensuite sur le fond.

L'incompétence, comme toutes les questions préjudicielles, doit être présentée avant toute discussion de l'affaire au fond. Le Rapporteur peut proposer l'incompétence du Conseil aussi bien que le prévenu. Lorsque cette exception a été proposée en vertu de conclusions formelles et positives, soit par l'inculpé, soit par le Rapporteur, le Conseil doit statuer par jugement séparé et motivé.

L'incompétence du Conseil de discipline pour connaître d'un double manquement de service passible d'une peine correctionnelle, à raison de deux condamnations précédentes prononcées dans l'année contre le même Garde, est d'ordre public et doit être déclarée d'office; par suite, le Conseil ne peut retenir la connaissance de la poursuite, sous prétexte qu'il aurait été saisi par le renvoi du Chef de corps, un tel renvoi ne pouvant couvrir son incompétence. Le Capitaine-Rapporteur peut proposer cette incompétence, même après que les débats se sont engagés au fond.

XV. — **Lecture des rapports et pièces.**

Quoique la loi n'exige pas cette lecture d'une manière indispensable, le Secrétaire lit le rapport, la plainte et les pièces à l'appui. Cette lecture devrait cependant forcément avoir lieu si l'inculpé le requérait pour sa défense, car aucune procédure ne peut être secrète.

XVI. — **Preuves. — Témoins.**

Les faits reprochés à l'inculpé peuvent être prouvés par des procès-verbaux et rapports ou par témoins.

Si les procès-verbaux ne font pas foi nécessairement jusqu'à inscription de faux, ils font foi jusqu'à preuve contraire.

Le Rapporteur et l'inculpé ont droit de faire entendre des témoins; ils doivent prêter le serment prescrit par l'article 155 du Code d'instruction criminelle, ainsi conçu : « tout témoin doit, » à peine de nullité du jugement, prêter, avant d'être entendu, » le serment de dire toute la vérité, et rien que la vérité. »

Le Conseil qui refuserait l'audition de ces témoins en passant outre au jugement du fond, violerait l'article 102 précité, et l'article 7 de la loi du 20 avril 1810.

XVII. — Serment.

Ce serment doit être mentionné au jugement, à peine de nullité, en transcrivant soit la formule de l'article 155 du Code d'instruction criminelle, soit en mentionnant cet article; et serait nul pour violation du Code d'instruction criminelle et de l'article 102 de la loi de 1851, le jugement qui se contenterait de mentionner que les témoins ont prêté le serment prescrit par la loi.

Le jugement devrait mentionner les motifs qui auraient pu empêcher de prêter ce serment, dans le cas où ce fait se présenterait.

Quoique le pouvoir d'entendre à titre de renseignements et sans prestation de serment les déclarations des personnes non citées, n'appartienne ordinairement qu'aux Présidents de Cour d'Assises, la circulaire du 10 octobre 1851 porte que, le Président du Conseil de discipline peut faire entendre, à titre de renseignement, et sans prestation de serment, le sergent-major de la compagnie à laquelle appartient l'inculpé ; le signataire du rapport qui a servi de base à la poursuite, etc. ; mais, dans ce cas, le jugement doit nécessairement constater que ces personnes n'ont été entendues qu'à titre de simple renseignement, et non pas comme témoins.

Les Conseils peuvent prononcer leur jugement soit à la séance où l'inculpé a été appelé pour la première fois, et où l'instruction a été terminée, soit à la séance suivante, ils peuvent dès lors faire entendre de nouveaux témoins. — Les témoins sont reprochables. — La taxe leur est due conformément au règlement du 18 juin 1811. — On n'est pas tenu dans les Conseils de discipline de transcrire, de résumer ou de tenir note des dépositions des témoins.

Le Conseil de discipline peut déterminer discrétionnairement les limites dans lesquelles doit être renfermée la preuve testimoniale. Le Président chargé de la direction des débats, peut refuser d'interpeller des témoins sur des faits étrangers à la poursuite. — Le membre du Conseil de discipline qui dépose devant le Conseil, à titre de témoin, doit se récuser, à peine de nullité du jugement auquel il prendrait part.

XVIII. — **Absence du témoin cité.**

Le témoin non-valablement excusé et qui ne comparaît pas, est condamné à une amende de 1 fr. au moins et de 15 fr. au plus.

XIX. — **Audition du prévenu, — de son Conseil ou de son fondé de pouvoirs.**

Le prévenu, son Conseil ou son fondé de pouvoirs peuvent présenter leurs observations.

Ils peuvent aussi répliquer aux réquisitions du Ministère public : et, on le sait, tout ce qui touche à la défense est d'ordre public.

La personne qui comparaît devant le Conseil comme fondé de pouvoirs ou mandataire d'un Garde national cité, doit justifier de cette qualité par une procuration authentique ou sous signature privée. Cette procuration est annexée, par le Secrétaire, à la feuille d'audience ou à la minute du jugement. Si le comparant ne justifie pas de pouvoirs réguliers, la cause est jugée par défaut.

Tout jugement doit, à peine de nullité, porter la mention que le prévenu a été entendu dans sa défense.

Une fois les débats terminés, l'inculpé ne peut plus prendre la parole.

XX. — **Conclusions du Rapporteur.**

Le Rapporteur est entendu en ses conclusions. Il est de principe absolu que le Rapporteur, comme remplissant les fonctions de Ministère public, doit être entendu sur chaque affaire et sur chaque incident qui peut donner lieu à un jugement quelconque.

De plus, il est indispensable, à peine de nullité, que l'accomplissement de cette formalité soit mentionnée au jugement.

Il a été jugé que le Ministère public peut répliquer, mais l'inculpé doit toujours avoir la parole le dernier.

XXI. — Remise de la cause.

Le jugement peut ne pas être rendu le même jour où le Conseil a été saisi et où l'inculpé a comparu. — Nonobstant une demande de remise, le Conseil peut statuer au fond s'il regarde l'affaire comme suffisamment instruite.

XXII. — Délibérés.

Le Conseil doit délibérer en secret et hors de la présence du Rapporteur.

Le jugement d'un Conseil auquel a concouru un membre qui n'a pas assisté à la discussion est nul : n'est pas nul au contraire, le jugement qui n'a pas été rendu hors la présence du Rapporteur, du moment que ce dernier n'y a pas pris part. Du reste, si à l'audience le Conseil voit qu'il a omis une formalité essentielle, il peut la réparer lorsque les choses sont encore entières, et le jugement peut être rapporté sans que le prévenu puisse se prévaloir de cette irrégularité.

Les membres qui ont assisté à tous les débats et qui n'ont pas été récusés, peuvent seuls rendre le jugement.

XXIII. — Jugement. — Majorité des voix.

Tout jugement du Conseil de discipline doit être rendu à la majorité des voix, lesquelles sont recueillies par le Président dans l'ordre inverse des grades, et à grade égal dans l'ordre inverse des âges.

En cas de partage, l'inculpé est renvoyé des fins du rapport. En effet, il est de principe, en législation criminelle, qu'en cas de partage d'opinion sur le fond de l'action intentée, l'avis le plus doux soit toujours préféré. C'est une règle constante qui n'admet jamais d'exception ; et, si elle est religieusement observée par les tribunaux ordinaires, *à fortiori* doit-elle l'être par les Conseils de discipline, dont la mission est d'exercer une juridiction paternelle.

Le jugement ne doit pas mentionner à quelle majorité il a été rendu, cependant il ne serait pas nul, si l'on disait qu'il a été rendu à l'unanimité.

XXIV. — **Motifs.**

Tous les jugements rendus par les Conseils de discipline doivent être motivés ; cette disposition qui est prescrite, à peine de nullité, s'applique aussi bien aux jugements préparatoires et aux jugements interlocutoires qu'aux jugements définitifs. Le jugement ne peut, à peine de nullité, porter sur d'autres faits que sur ceux qui sont compris dans la citation. Enfin, ces faits doivent être qualifiés soit dans les motifs, soit dans le dispositif du jugement.

Les motifs doivent préciser les faits qui font la base de la contravention, et n'être ni vagues ni incertains.

Les jugements doivent indiquer la peine infligée.

Savoir si un jugement est suffisamment motivé, présente une question de droit, qui se tranche en mettant en présence les conclusions et les motifs de ce jugement.

La fausse qualification d'un fait peut donner lieu à pourvoi en cassation.

XXV. — **Prononcé du jugement.**

Le jugement est prononcé par le Président en séance publique, et fait foi de tout ce qu'il contient tant qu'il n'est pas attaqué par la voie légale.

Il doit être signé du Président et du Secrétaire. Ces signatures peuvent seules lui donner l'authenticité nécessaire. Le Secrétaire, du reste, ne pourrait délivrer l'expédition d'un jugement qui ne serait pas signé.

Le Secrétaire du Conseil tient note du prononcé du jugement ; en outre, il tient une feuille de chaque audience (modèle 7). Dans les trois jours de la séance, le Secrétaire du Chef de bataillon est tenu de faire une copie de cette feuille, de la faire certifier par le Secrétaire du Conseil de discipline et de la remettre au Chef de bataillon pour être transmise à l'Etat-Major général.

Les jugements sont portés par le Secrétaire du Conseil sur un registre-minute (modèle 8), qui a dû recevoir dans l'ordre des numéros de citation, toutes les énonciations qu'il était possible d'y inscrire à l'avance.

XXVI. — Enregistrement du Registre-Minute.

Ce registre qui doit être paraphé par première et dernière feuille, par le Président du Conseil de discipline, sera après chaque séance du Conseil soumis à l'enregistrement. Ainsi, chaque jugement doit être enregistré dans le délai de vingt jours, et avant la délivrance d'aucune grosse, expédition ou extrait.

XXVII. — Signification.

C'est de ce registre-minute que le Secrétaire extrait la copie du jugement contradictoire ou par défaut, qui doit être signifiée à domicile (modèles 9 et 10), signification qui est faite et constatée dans les mêmes formes que la citation. Cette copie relevée par le Secrétaire à la requête du Rapporteur, est signifiée par l'agent de la force publique à la partie condamnée dans la quinzaine de la prononciation. Le jugement même à la réprimande doit être signifié. La signification est transcrite au bas de la copie du jugement, et remise séparément à chacun des Gardes nationaux qu'elle concerne.

Cette signification contient toutes les formalités exigées pour la régularité des exploits ; le Secrétaire en fait un original et une copie. L'original peut être fait collectif, il est soumis à l'enregistrement (modèle 11).

Les significations de jugement par défaut doivent porter l'adresse du Secrétaire : cette indication, en effet, est indispensable aux condamnés qui veulent former opposition. On ne saurait trop recommander cette formalité pour les significations des jugements rendus par défaut, afin que les condamnés sachent où s'adresser pour former opposition.

XXVIII. — **Signification de jugement condamnant à la réprimande.**

Le jugement prononçant la réprimande doit être rédigé et signifié. L'usage contraire s'était faussement introduit dans certains bataillons.

Cet usage vicieux était fondé sur l'opinion accréditée que le jugement reçoit la seule exécution dont il soit susceptible, par les paroles que le Président adresse séance tenante au condamné, et que par conséquent il n'y a pas lieu de notifier un jugement déjà exécuté. Cette opinion repose sur une erreur de fait et de droit. En fait la réprimande, considérée comme peine édictée par la loi, ne consiste pas seulement dans les paroles prononcées par le Président, mais encore et surtout dans la consignation du jugement sur les registres et dans les archives du Conseil de discipline; pour que cette dernière partie de l'exécution ait lieu, il est indispensable que le jugement existe, qu'il soit rédigé.

L'erreur de droit est encore plus grave. La loi a rangé la réprimande au nombre des peines disciplinaires, elle lui en a attribué tous les effets. Ainsi le condamné à la réprimande, cité une seconde fois pendant les 12 mois devant le Conseil de discipline, est en état de récidive, il est passible des peines que la loi n'applique qu'aux hommes coupables de récidive. — Si dans le même espace de temps il comparaît trois fois devant le Conseil, il doit être renvoyé devant le tribunal de police correctionnelle; en un mot, la condamnation à la réprimande est une peine.

De ce principe incontestable, découle la conséquence que le jugement qui prononce la réprimande est soumis comme tous les autres jugements de condamnation à la haute appréciation de la Cour de Cassation. S'ils ne sont ni inscrits, ni signifiés, ils ne peuvent jamais devenir définitifs, le délai de recours ne pouvant jamais courir, ils ne pourraient donc en réalité jamais servir à établir la récidive. La réprimande malgré la volonté du législateur ne serait plus une peine, ou ce qui est pire encore serait une peine illusoire.

XXIX. — Répertoire alphabétique.

Le Secrétaire doit aussi tenir un répertoire alphabétique (modèle 20) (1), contenant les noms, prénoms des Gardes nationaux, à l'égard desquels sont intervenus des jugements, la date, la nature, les motifs, le libellé et la suite donnée à l'exécution de ces jugements. Mesure d'ordre indispensable pour faciliter les recherches qu'il y a lieu de faire lorsqu'il s'agit de motiver soit l'application de la peine de la récidive, soit le renvoi devant le tribunal de police correctionnelle.

XXX. — Exécution des jugements.

« Art. 103. Les mandats d'exécution des Conseils de discipline sont » délivrés dans la même forme que ceux des Tribunaux de simple po- » lice. Toutefois, les agents de la force publique n'ont droit à aucune » espèce d'indemnité pour la notification, de même que pour l'exécu- » tion forcée des jugements emportant la peine de l'emprisonnement. »

Les jugements deviennent exécutoires soit par l'expiration du délai fixé pour le pourvoi en Cassation, soit par le rejet ou la déchéance de ce pourvoi.

Huit jours après la signification des jugements, le secrétaire remet au Capitaine-Rapporteur la liste des causes remises, les oppositions reçues, ainsi que les extraits des jugements qui ont prononcé la prison, l'amende, la réprimande avec mise à l'ordre, la privation du grade ou la radiation des contrôles.

Le Capitaine-Rapporteur met au bas de chaque extrait son réquisitoire à fin d'exécution, et le transmet à l'Etat-Major général.

Cette transmission doit avoir lieu dans les trente jours de la date du jugement, et plus tôt si c'est possible.

(1) Ce registre sera mis à jour à la suite de chaque séance : il restera ensuite déposé à l'Etat-Major de la Légion ; pendant la séance du Conseil dans la banlieue, il est déposé à la Mairie de la commune chef-lieu du Bataillon.

TITRE VI

DES OPPOSITIONS.

I. — Délai pour former opposition au jugement par défaut.

La loi accorde trois jours francs à tout Garde national condamné par défaut, pour former opposition au jugement. Ces trois jours partent de la signification du jugement.

L'opposition est formée entre les mains du Secrétaire du Conseil, soit par lettre, soit par déclaration mise sur la copie signifiée ; aucune forme n'est requise à ce sujet. En outre, le condamné ayant trois jours pour se pourvoir en Cassation, ces deux délais peuvent être cumulés ; étant chacun de trois jours francs à partir de la notification du jugement, le Secrétaire devra attendre huit jours au moins.

II. — Non-opposition.

Ce délai une fois passé, le Secrétaire transmet au Rapporteur un extrait pour être procédé à l'exécution du jugement. Cet extrait contient la date de la notification, le certificat de non-opposition et de non-recours en Cassation ; il est signé par le Secrétaire. Au bas de l'extrait, le Rapporteur inscrit son réquisitoire à fin d'exécution et transmet le tout à l'Etat-Major général qui pourvoit à l'exécution.

III. — Opposition.

Si au contraire, l'opposition est formée dans les délais, elle suspend l'envoi de l'extrait. Le Secrétaire alors n'a plus aucune formalité à remplir autre que celle de transmettre la déclaration d'opposition au Rapporteur, et le Rapporteur fait citer les opposants à l'audience du Conseil la plus prochaine.

IV. — Opposition tardive.

Mais il est possible que l'opposition soit formée après l'expiration du délai et alors que déjà l'extrait du jugement a été renvoyé au Rapporteur pour l'exécution. Dans ce cas, le Secrétaire transmet immédiatement au Rapporteur un récépissé (modèle 13), qui sert pour arrêter les poursuites d'exécution jusqu'à ce que le Conseil ait statué sur le mérite de l'opposition. Le Garde national absent au moment du service commandé, absent encore au moment de la signification du jugement prononcé contre lui par défaut pour ce manquement, qui, aux yeux de la loi n'en est pas un, ne saurait être déchu du droit d'opposition à ce jugement. L'absence reconnue comme dispense temporaire du service, est nécessairement aussi une dispense temporaire des conséquences que le service peut entraîner.

Lorsqu'il se présente une opposition même tardive, c'est-à-dire formée après le délai rigoureux de la loi, il faut voir quelle est l'autorité qui doit être chargée de cet examen et de ce jugement. La solution de cette question ne saurait laisser de doute. Toutes les lois renvoient la connaissance des exceptions, le jugement de l'opposition au Tribunal même qui a prononcé le jugement par défaut attaqué par voie d'opposition.

Avant 1852, un usage contraire à ces principes s'était introduit. Le Rapporteur refusait de recevoir les oppositions tardives, ou du moins qui lui paraissaient telles. Il ne citait pas par conséquent l'opposant devant le Conseil, c'est-à-dire que le Rapporteur, sans se rendre parfaitement compte de la portée de son acte, tranchait seul, sans contradicteur et d'une manière absolue, toutes les questions relatives à la régularité, à la validité de la signification, et toutes celles qui peuvent découler de l'exemption temporaire résultant de l'absence régulièrement constatée ou de toute autre cause.

Le Rapporteur n'est pas un juge, il ne constitue pas à lui seul un Tribunal. Il représente ce que l'on appelle dans les Tribunaux ordinaires le ministère public. Or, le ministère public dans ces Tribunaux, n'a pas le droit de refuser à un condamné par défaut le droit de paraître à l'audience pour faire juger son opposition, alors même que cette opposition est tardive ; il n'est nulle part juge de la validité ou de l'invalidité d'un acte de procédure. Il conclut mais ne juge jamais. A l'audience, il a toute sa liberté d'action, il peut, il doit signaler les vices des actes et conclure conformément à la loi, le Tribunal seul décide.

Ces principes généraux de droit sont applicables aux rapporteurs près les Conseils de discipline de la Garde nationale ; ils concluent, le Conseil juge. Le Secrétaire du Conseil doit donc délivrer un récépissé de toute opposition faite entre ses mains après l'expiration du délai fixé par la loi.

Lorsque l'opposition est tardive, et que le Conseil croit cependant devoir admettre l'opposition, il doit statuer séparément sur ce point, et énoncer le motif sur lequel il s'appuie pour déclarer que, malgré l'expiration des trois jours le délai de l'opposition n'est pas dépassé.

V. — Opposition aux jugements d'Incompétence par défaut.

Le secrétaire doit aussi recevoir les oppositions d'une déclaration d'incompétence prononcée par défaut, ainsi que celles formées par les membres des Conseils de discipline condamnés à l'amende pour absence. Il n'est pas douteux que ces oppositions puissent être formées, rien dans la loi ne s'y oppose, et les condamnés peuvent avoir d'excellentes excuses à présenter pour motiver leur absence.

TITRE VII

POURVOIS EN CASSATION.

I. — Pourvois en Cassation.

« ART. 104. Il n'y a de recours contre les jugements définitifs des
» Conseils de discipline que devant la Cour de Cassation, pour incom-
» pétence, excès de pouvoirs ou violation de la loi.
» Le Pourvoi en Cassation est suspensif à l'égard des jugements pro-
» nonçant, soit l'emprisonnement, soit une autre peine, avec mise à
» l'ordre, dans les cas prévus par les nos 2, 4 et 5 de l'article 72. Le
» condamné est dispensé de la mise en état. Dans tous les cas, ce re-
» cours n'est assujetti qu'à l'amende de cinquante francs pour les ju-
» gements contradictoires, et de vingt-cinq francs pour les jugements
» par défaut.
» L'amende sera déposée dans les dix jours du pourvoi sous peine
» de déchéance. »

Sont définitifs :

1° Les jugements qui ont été rendus contradictoirement;

2° Les jugements par défaut auxquels il n'a point été fait opposition dans le délai de trois jours à compter de la notification du jugement;

3° Les jugements par défaut sur débouté d'opposition.

Le Capitaine-Rapporteur doit se pourvoir contre tout jugement du Conseil qui lui semble entaché d'incompétence, d'excès de pouvoir ou de contravention à la loi. — Ce pourvoi est notifié à la partie dans la même forme que les mandats de citation.

L'original de la notification doit être joint aux pièces transmises à l'Etat-Major général.

II. — Consignation d'amende.

L'amende peut être consignée au bureau de l'Enregistrement établi près la Cour de Cassation ou entre les mains du Receveur de l'enregistrement du domicile du demandeur. Il n'est point dérogé aux dispositions de l'article 420 du Code d'Instruction criminelle relatives à la production des pièces, notamment du certificat d'indigence, nécessaires pour suppléer la consignation de l'amende.

III. — Délai pour le Pourvoi.

« Art. 105. Le condamné a trois jours francs à partir de la notification, et le Rapporteur a le même délai, à partir de la prononciation du jugement, pour se pourvoir en Cassation.

» Ces délais sont de rigueur, leur inobservation entraîne la déchéance. »

IV. — Le Pourvoi est suspensif.

Le pourvoi est suspensif; c'est l'application d'un principe élémentaire en matière criminelle.

La déclaration de pourvoi doit être faite entre les mains du Secrétaire du Conseil de discipline, par le condamné ou son fondé de pouvoir et signé de lui ainsi que du Secrétaire, qui est tenu d'en donner connaissance à l'Etat-Major.

Si le déclarant ne peut ou ne veut signer, mention doit en être faite par le Secrétaire. — Le Secrétaire ne peut, sous aucun prétexte, refuser de recevoir la déclaration du pourvoi. Il y a par Conseil de discipline un registre destiné à recevoir ces déclarations de pourvoi en Cassation, registre qui est tenu par le Secrétaire et déposé entre ses mains.

Ce registre est coté et paraphé par première et dernière page par le Président du Conseil (Modèle n° 14).

Le Secrétaire conservera le pourvoi pendant dix jours, et recevra pendant ce délai les pièces et mémoires que la partie peut fournir.

Le recours exercé par le Rapporteur doit aussi être inscrit sur ce registre, et notifié à la partie contre laquelle il est dirigé, dans le délai de trois jours.

V. — Dépôt du mémoire.

L'amende doit être consignée dans les dix jours de la déclaration de pourvoi, à peine de déchéance, le même délai est accordé pour déposer le mémoire contenant les moyens invoqués en Cassation.

VI. — Transmission du Pourvoi à l'Etat-Major général.

A l'expiration de ce délai de dix jours, les pièces doivent être transmises par le secrétaire au Capitaine-Rapporteur. Le dossier doit contenir :

1° Extrait du registre des Pourvois;
2° Id. de l'original de la citation ;
3° Id. de la feuille de renvoi ;
4° Id. du rapport ;
5° Expédition du jugement attaqué ;
6° Extrait de l'acte de signification ;
7° Mémoire du demandeur s'il y a lieu ;
8° Id. du rapporteur s'il y a lieu ;
9° Inventaire des pièces du dossier.

Toutes ces pièces devront être côtées et paraphées par le secrétaire. Le rapporteur peut y joindre un mémoire s'il le juge nécessaire.

Ce dossier est transmis par le Capitaine-Rapporteur à l'Etat-Major général dans la quinzaine de la déclaration du pourvoi.

VII. — Transcription de l'arrêt de la Cour en marge du jugement attaqué.

L'arrêt de la Cour de cassation est transcrit, quel qu'il soit, sur le registre-minute en marge du jugement attaqué.

VIII. — Arrêt de renvoi.

Le Capitaine-Rapporteur près du Conseil saisi par un arrêt de renvoi, quand il y a cassation, doit faire signifier cet arrêt à la partie en tête de la citation, à moins que cette signification n'ait déjà été faite.

TITRE VIII.

I. — Enregistrement.

Les jugements, recours ou arrêts, enfin tous les actes de poursuite devant les Conseils de discipline, sont dispensés du timbre et enregistrés gratis.

Les jugements doivent être enregistrés dans le délai de vingt jours. — Les citations à témoins, significations de jugement, dans les quatre jours de leur date.

Les citations et significations sont enregistrées sur l'original.

Les jugements sont enregistrés sur minute ; mention est faite de cette formalité sur les expéditions.

II. — Imprimés. — Observations pour MM. les Secrétaires du Conseil.

Le Secrétaire de chaque Conseil tient un registre disciplinaire alphabétique (divisé en 24 parties). Chaque Garde cité au Conseil y est inscrit et le jugement est sommairement analysé en regard de son nom.

— Ce répertoire doit être mis à jour dans la quinzaine qui suit chaque séance du Conseil. Il reste ensuite déposé à la subdivision. Dans les bataillons de la banlieue, le répertoire disciplinaire reste déposé à la Mairie de la commune, chef-lieu du Bataillon. Pendant la séance, le répertoire est placé sur le bureau. Les Rapporteurs et Secrétaires près les Conseils de discipline doivent se conformer exactement à tout ce qui vient d'être dit et extrait des règlements. — Il leur est expressément interdit d'employer, pour les écritures, des imprimés, autres que ceux adoptés par l'Etat-Major général.

Ces imprimés sont délivrés par le Major de la Subdivision, sur des bons signés par les Rapporteurs ou Secrétaires qui en feront la demande.

MM. les Secrétaires ne sauraient apporter trop de soin à ce que les expéditions des extraits de jugement soient lisibles : à ce qu'il n'existe aucune différence entre les extraits et la copie de la feuille d'audience, soit dans la nature des jugements, soit dans le prononcé de la peine, soit enfin dans les noms, prénoms, professions et domiciles.

Ces irrégularités en effet servent aux condamnés pour protester contre l'exécution des jugements, et ils ne manquent pas de s'en prévaloir.

— Les extraits de jugement doivent porter si ces jugements sont rendus contradictoirement, par défaut, ou si ce sont des déboutés d'opposition.

— Les secrétaires doivent mettre leur adresse sur les significations des jugements par défaut, afin que les condamnés puissent savoir ou former opposition.

— Les feuilles d'audience doivent être certifiées par les secrétaires. — La copie doit ainsi que les extraits de jugement porter dans le cas de récidive, la mention des condamnations antérieures encourues par le condamné.

— Les feuilles d'audience doivent toutes suivre une même marche, et comprendre les noms des Gardes :

1° *Cités par suite d'opposition ;*

2° *Cités par suite d'ajournement ;*

3° *Et les affaires nouvelles.*

Ces feuilles doivent être établies conformément aux feuilles de renvois adressées par l'Etat-Major.

— Les extraits exécutoires doivent, d'après l'article 17 du Règlement disciplinaire, être transmis à l'Etat-Major dans les trente jours qui suivent le prononcé du jugement, et plus tôt si c'est possible.

— Il est inutile d'envoyer à l'Etat-Major les extraits des jugements condamnant à la réprimande, puisqu'il n'y a pas d'exécution.

— Le Conseil de discipline doit être réuni dans les dix jours de la réception des feuilles de renvoi.

— Chaque condamnation doit être portée sur un extrait de jugement à part. (Art. 12, règlement disciplinaire).

— Les extraits de jugement ne doivent pas être remis directement au Receveur de l'enregistrement sans l'avis de l'Etat-Major. (Art. 17, R. D.).

— Les oppositions faites après l'envoi des extraits de jugement doivent être envoyées à l'Etat-Major, pour éviter les arrestations illégales.

— Les jugements portant condamnation à la réprimande doivent être rédigés et notifiés.

— Les numéros de renvoi doivent être portés sur la copie de la feuille d'audience, les extraits exécutoires, les significations de jugement, etc. (Ordre du jour du 29 mai 1855.)

— Si le Garde qui doit être cité est rayé des contrôles pour une cause quelconque avant la citation, il doit cependant figurer sur la feuille d'audience avec la mention *rayé*, afin que l'Etat-Major sache le résultat de la citation comprise sur la feuille de renvoi.

Si ces observations sont portées ici à part, c'est que tout en ne faisant que répéter quelques-unes des dispositions du règlement disciplinaire, ce sont les cas où le plus souvent l'Etat-Major a eu à signaler des oublis et des erreurs.

TITRE IX.

INSPECTION DE LA DISCIPLINE.

Le Général Commandant fait faire chaque année ou plus souvent s'il le juge convenable, des inspections des registres et écritures tenus dans chaque Conseil de discipline des bataillons soumis à son commandement. Si des irrégularités ou inobservations sont signalées, le Général prend telle mesure qu'il juge nécessaire pour assurer la pleine et entière exécution des lois et règlements.

MODÈLES DES IMPRIMÉS

POUR LE

CONSEIL DE RECENSEMENT

ET

LE JURY DE RÉVISION.

GARDE NATIONALE DU DÉPARTEMENT DE LA SEINE.

e Bataillon. **e Compagnie.**

BULLETIN INDIVIDUEL.

N° Matricule :
Nom :
Prénoms :
Profession :
Demeure :
Date de Naissance :

RENSEIGNEMENTS.

RECENSEMENT.

CONVOCATION.

Rapporter la présente lettre.

GARDE NATIONALE DU DÉPARTEMENT DE LA SEINE

e Bataillon.

Paris, le 18

MONSIEUR,

J'ai l'honneur de vous prévenir que, d'après le dernier recensement, vous êtes appelé à faire partie de la garde nationale dans la e compagnie du e Bataillon.

Si vous avez des motifs de dispense ou d'exemption, je vous invite à vous présenter devant le Conseil de recensement, le à heure à la Mairie du e Arrondissement, pour les faire valoir.

Faute de comparaître, vous serez considéré comme apte à ce service et inscrit sur les contrôles.

J'ai l'honneur de vous saluer,

Le Chef de Bataillon, Président du Conseil de recensement,

NOTA.—Remettre cette lettre au Président, en se présentant devant le Conseil, après avoir écrit les indications suivantes :

Nom et prénoms,
Profession,
Date et lieu de naissance,
Demeure.

Se munir des pièces officielles pour justifier la demande en radiation des contrôles.

Les cas de santé ou d'infirmités seront examinés, séance tenante, par les chirurgiens du Bataillon.

CONSEIL
DE
RECENSEMENT

DÉCISION.

—

f°

—

GARDE NATIONALE

DU DÉPARTEMENT DE LA SEINE.

e **Bataillon.**

Extrait du Registre des Délibérations du Conseil de Recensement.

Séance du 18 .

M

Attendu

a été

POUR EXTRAIT CONFORME :

Le Chef du e Bataillon, président du Conseil de Recensement,

CONSEIL
de
RECENSEMENT

RÉCÉPISSÉ.

—

GARDE NATIONALE DU DÉPARTEMENT DE LA SEINE.

e **Bataillon.**

Le Chef de Bataillon, président du Conseil de recensement, atteste que M.

lui a déposé cejourd'hui une réclamation contre le service de la garde nationale, et qu'il sera statué sur cette réclamation lors de la prochaine séance dudit conseil.

A Paris, le 186 .

NOTA. Ce Bulletin est suspensif jusqu'à la décision à intervenir, et doit être produit au sergent-major dans le plus bref délai.

CONSEIL
de
RECENSEMENT

CONVOCATION.

—

Rapporter la présente lettre.

GARDE NATIONALE DU DÉPARTEMENT DE LA SEINE.

° Bataillon.

Paris, le 186

MONSIEUR,

Vous êtes invité à vous présenter devant le Conseil de recensement qui tiendra séance à la mairie du ° Arrondissement, , le à heures pour y être entendu dans vos réclamations.

Faute de comparaître, vous serez maintenu sur les contrôles.

J'ai l'honneur de vous saluer,

Le Chef de bataillon, président du Conseil de recensement,

P. S. Vous devrez vous munir de toutes les pièces propres à justifier votre réclamation.

ÉTAT-MAJOR
GÉNÉRAL.

JURY DE RÉVISION

—

N°

Gardes nationales du département de la Seine.

Paris, le 186

AVERTISSEMENT.

Monsieur, vous êtes averti que le Jury de révision de Paris s'assemblera à l'Etat-Major général (au Palais-Royal) le 186 , à heure précise du pour entendre vos observations à l'appui du recours que vous avez formé contre la décision en date du par laquelle le conseil de recensement du bataillon

Vous avez la faculté de vous faire représenter par un mandataire auquel vous devriez donner à cet effet une procuration sur papier libre, mais légalisée par le maire de votre arrondissement.

Faute par vous de comparaître en personne ou par un fondé de pouvoir aux lieu, jour et heure indiqués ci-dessus, il sera statué par défaut au sujet de votre réclamation, et ce défaut ne sera pas susceptible d'opposition, conformément à l'article 14 du règlement d'administration publique du 5 septembre 1851.

Le secrétaire du Jury,

Je, soussigné , assermenté, certifie avoir remis, le 186 , le présent avertissement à M. en son domicile, rue n° , parlant à

ÉTAT-MAJOR

GÉNÉRAL.

N°

du

REGISTRE des DÉLIBÉRATIONS

(Notification.)

Gardes nationales du département de la Seine.

JURY DE RÉVISION DE PARIS.

Séance publique du

DÉCISION PAR DÉFAUT.

EXTRAIT du registre-journal des décisions établies en conformité de

Le Jury de révision de Paris,

Vu l'appel interjeté par le sieur
contre la décision du Conseil de recensement du bataillon, en date du 186 , qui (1)

ledit appel tendant à (2)

Après avoir entendu :

1° La lecture faite, par le secrétaire, dudit appel et de ladite décision ;

2° Les conclusions du rapporteur ;

Le rapporteur n'ayant point pris part à la délibération ;

Attendu que le sieur ne s'est présenté ni en personne ni par un fondé de pouvoirs, suivant l'avertissement à lui remis le 186 , pour comparaître à la séance de cejourd'hui, 186 .

Les voix ayant été recueillies par le président dans l'ordre inverse des grades,

Donne défaut contre le sieur , et le déclare apte au service.

Délibéré et lu les jour, mois et an que dessus, en séance publique, présidée par
et où membres étaient présents.

Et ont signé au registre-journal

Le secrétaire du Jury, *Le président du Jury,*

(1) Indiquer le libellé de la décision.

(2) Indiquer le motif et le but de l'appel.

OBSERVATIONS ESSENTIELLES. — Les décisions par défaut ne sont pas susceptibles d'opposition. Elles ne peuvent être attaquées que devant le Conseil d'État, pour incompétence, excès de pouvoirs ou violation de la loi. — Le recours devant le Conseil d'État doit être formé, sous peine d'être déclaré non recevable : 1° par une requête signée d'un avocat au Conseil ; 2° dans le délai de trois jours à compter du jour de la notification de la décision par défaut. (Art 1 et 11 du décret du 22 juillet 1806.)

L'an mil huit cent soixante , le du mois d à heure du à la requête j'ai, soussigné (3), notifié et remis au sieur en son domicile, rue n° , parlant à (4) le présent extrait de la décision rendue par défaut contre lui, le par le Jury de révision de Paris.

(5)

(3) Nom de l'agent et sa qualité.

(4) Le nom de la personne à laquelle l'extrait a été remis.

(5) Signature de l'agent.

MODÈLES DES IMPRIMÉS

POUR LE

CONSEIL DE DISCIPLINE.

° SUBDIVISION.

GARDES NATIONALES DU DÉPARTEMENT DE LA SEINE.

Modèle n° 1 du Règlement disciplinaire.

° BATAILLON.

DISCIPLINE. — RENVOIS.

NUMÉROS		COMPAGNIE.	GRADES.	NOMS ET PRÉNOMS.	PROFESSION.	DEMEURES.		MANQUEMENT AU SERVICE		DATES EXTRAITS des RAPPORTS Noms des Signataires. — Nombre des pièces qui composent chaque dossier.	OBSERVATIONS.
d'Ordre.	du Registre matricule					RUES.	N^os	DATES.	POSTES.		

Pour les causes ci-dessus énoncées, nous, Commandant Supérieur de la Garde nationale de la Seine, renvoyons, en vertu de l'article 96 de la loi du 13 juin 1851, les susnommés par-devant le Conseil de discipline du bataillon dont ils font partie, pour y être jugés conformément à la loi.

A le 186 .

Par ordre du Général Commandant Supérieur :

LE COLONEL CHEF D'ÉTAT-MAJOR GÉNÉRAL.

Modèle n° 2,
du Règlement disciplinaire.

e LÉGION
de
Paris ou de la Banlieue.

CONSEIL DE DISCIPLINE
du bataillon.

Lettre de convocation des membres du Conseil.

GARDES NATIONALES

DU DÉPARTEMENT DE LA SEINE.

MONSIEUR,

J'ai l'honneur de vous informer que le Conseil de discipline se réunira prochain du mois d à sept heures précises du soir, à l'hôtel de la Mairie du

Vous êtes invité à vous y trouver, ou à faire connaître dans les vingt-quatre heures les motifs qui pourraient vous en empêcher.

A , le 18

Le chef de bataillon, président du Conseil,

NOTA. Les Membres des Conseils de discipline doivent s'y rendre en uniforme, les Officiers avec le hausse-col, les Sous-Officiers et simples Gardes avec le ceinturon et le sabre.

En cas d'absence, tout Membre du Conseil de discipline non valablement excusé, sera condamné à une amende de 5 à 15 fr. par le Conseil de discipline. (Art. 98, loi du 13 juin 1851.)

LÉGION
de
Paris ou de la Banlieue.

GARDES NATIONALES
DU DÉPARTEMENT DE LA SEINE.

Modèle n° 3,
du Règlement disciplinaire.

CONSEIL
DE DISCIPLINE
du bataillon.

Citation à Prévenus

ORIGINAL COLLECTIF.

DISCIPLINE.

Les Gardes nationaux ci-après dénommés sont cités à comparaître devant le Conseil de discipline du Bataillon de la Légion, qui se tiendra dans l'une des salles de la Mairie du ᵉ arrondissement, le 18 , à heures précises du soir, comme étant prévenus, par les rapports, procès-verbaux et plaintes, renvoyés audit Conseil, aux termes de la loi, des contraventions ci-après :

Copie de la présente a été portée par moi, tambour-maître assermenté, cejourd'hui, 18 , à heure du au domicile des gardes nationaux y dénommés, et chacun en ce qui le concerne seulement, et parlant comme il est indiqué ci-après :

NUMÉROS d'ordre	NUMÉROS du renvoi	NOMS ET PRÉNOMS PROFESSIONS ET DEMEURES.	COMPAGNIES	GRADES.	MOTIFS DU RENVOI devant LE CONSEIL DE DISCIPLINE.	PARLANT A

En conséquence, les Gardes nationaux dénommés ci-dessus et d'autre part seront tenus de comparaître devant le Conseil de discipline aux lieu, jour et heure sus-indiqués, soit en personne, soit par un fondé de pouvoir spécial, pour y présenter leurs moyens de défense, à peine d'être condamnés par défaut.

Il est ordonné au sieur tambour-maître du Bataillon ᵉ Légion, assermenté, remplissant les fonctions d'agent de la force publique, de porter, au domicile desdits Gardes nationaux susnommés, et chacun en ce qui le concerne seulement, copie de la présente citation.

Le Tambour-Maître assermenté, remplissant les fonctions d'agent de la force publique,

A , le 18 .

Le Rapporteur près le Conseil de discipline.

Enregistré gratis, à
le 18 .

LE RECEVEUR DE L'ENREGISTREMENT,

Modèle n° 4,
du Règlement disciplinaire.

e LÉGION
de
Paris ou de la Banlieue.

CONSEIL de DISCIPLINE
du Bataillon

CITATION.
(Copie.)
N°

Avis essentiels.

(1) La défense par lettre ne peut être admise par le Conseil.
Le pouvoir peut être sous seing privé et sur papier libre. (Loi du 13 juin 1851, art. 99 et 106.)
Le prévenu doit apporter au Conseil tous les certificats et pièces propres à justifier ses moyens de défense.
Il doit en outre être porteur de la présente Citation.

GARDES NATIONALES
DU DÉPARTEMENT DE LA SEINE.

Le sieur
demeurant
de la Compagnie du Bataillon de la Légion de la Garde nationale de Paris *ou* de la Banlieue, est cité devant le Conseil de discipline dudit bataillon, qui tiendra séance à rue n° , le du mois d à sept heures précises du soir, comme étant prévenu d'avoir refusé le service d'ordre et de sûreté auquel il avait été commandé pour le

En conséquence, il sera tenu de comparaître devant ledit Conseil, les jour et heure susdits, *en personne*, ou *par fondé de pouvoirs* (1), pour y présenter ses moyens de défense, à peine d'être condamné par défaut.

Il est ordonné au tambour-maître du bataillon de porter à domicile la présente citation.

A , le 18 .

Le Rapporteur près le Conseil de discipline,

La présente copie de citation a été portée par moi, tambour-maître du bataillon de la légion, cejourd'hui mil huit cent , à heure du parlant à

Modèle n° 5,
du Règlement disciplinaire.

LÉGION
de
Paris ou de la Banlieue.

CONSEIL de DISCIPLINE
du Bataillon.

CITATION
SUR OPPOSITION.
(Copie.)

N°

Avis essentiel.

(1) La défense par lettre ne peut être admise par le Conseil. Le pouvoir peut être sous seing-privé et sur papier libre (Loi du 13 juin 1851 art. 99 et 106.)

Le prévenu doit apporter au Conseil tous les certificats et pièces propres à justifier ses moyens de défense.

Il doit, en outre, être porteur de la présente citation.

GARDES NATIONALES
DU DÉPARTEMENT DE LA SEINE.

Le sieur
demeurant
de la compagnie du bataillon de la Légion de la Garde nationale de Paris (ou de la Banlieue), est cité devant le Conseil de discipline dudit bataillon, qui tiendra séance à
rue , n° , le
du mois d , à heures précises du
pour statuer sur son opposition à un jugement en date du par lequel ledit Conseil l'a condamné par défaut à

En conséquence, il sera tenu de comparaître devant ledit Conseil les jour et heure susdits, EN PERSONNE OU PAR FONDÉ DE POUVOIR (1), pour y présenter ses moyens de défense, à peine d'être débouté de son opposition.

Il est ordonné au tambour-maître du bataillon de porter, à domicile, la présente citation.

A le 18 .

Le Rapporteur près le Conseil de discipline,

La présente copie de citation a été portée par moi, tambour-maître du bataillon de la Légion, cejourd'hui mil huit cent à heures du au sieur demeurant à parlant à

Modèle n° 6,
du Règlement disciplinaire.

e LÉGION
de
Paris ou de la Banlieue.

CONSEIL DE DISCIPLINE
du Bataillon.

CITATION A TÉMOIN.
(Copie.)

N°

GARDES NATIONALES
DU DÉPARTEMENT DE LA SEINE.

En exécution de l'art. 102 de la loi du 13 juin 1851, sur l'organisation de la Garde nationale,

Nous, . rapporteur près le Conseil de discipline du bataillon de la Légion de Paris *ou* de la banlieue, ordonnons au sieur profession d
demeurant

de comparaître le heure d pardevant le Conseil de discipline du bataillon de la Légion de Paris *ou* de la banlieue, séant à pour y être entendu comme témoin sur les faits reprochés au sieur
Garde national, à

A , le 18 .

Le Rapporteur,

L'an mil huit cent le heure d , je, soussigné (1), en exécution de l'ordre ci-dessus, ai cité le sieur profession d demeurant à parlant à

à comparaître le heure d pardevant le Conseil de discipline du bataillon de la Légion de Paris *ou* de la banlieue, séant à pour y être entendu comme témoin sur les faits reprochés au sieur Garde national, lui déclarant que, faute par lui de déférer à la présente citation, il sera procédé contre lui conformément aux art. 157 et 80 du Code d'instruction criminelle, et lui ai, parlant comme dessus, remis copie du présent.

(1) Indiquer ici la qualité de l'agent de la force publique, ses nom, prénoms et domicile.

Enregistré gratis à *le* 18 .
Folio

Gardes Nationales
du
DÉPARTEMENT de la SEINE

DISCIPLINE.

FEUILLE
DU RAPPORTEUR.

LÉGION DE PARIS OU DE LA BANLIEUE.

Modèle n° 7,
du Règlement disciplinaire.

BATAILLON.

CONSEIL DE DISCIPLINE.

Séance du 18 .

Chef de Bataillon, Président : M.

Capitaine : M.
Lieutenant : M.
Sergent : M.
Caporal : M.

Garde national : M.
Garde national : M.
Rapporteur : M.
Secrétaire : M.

Numéro du renvoi.	Numéro de la citation.	NOMS et PRÉNOMS PROFESSIONS ET DEMEURES des Gardes nationaux cités.	DÉSIGNATION de la Compagnie.	DÉSIGNATION du Grade.	JUGEMENTS ANTÉRIEURS	DATES DES MANQUEMENTS OU INFRACTIONS Indication des postes où ils ont eu lieu. — EXTRAIT DES RAPPORTS.	PRONONCÉ DU JUGEMENT.	OBSERVATIONS.

LÉGION DE PARIS
OU
DE LA BANLIEUE.

Gardes Nationales

REGISTRE MINUT

Pour

CONSEIL I

Chef de Bataill

M. *Capitaine.*
M. *Lieutenant.*
M. *Sergent.*
M. *Caporal.*

NUMÉROS D'ORDRE du Renvoi.	de la Citation.	NOMS, PRÉNOMS PROFESSION DOMICILE ET GRADE des Gardes nationaux cités.	OBJET de la POURSUITE.	INSTRUCTION ET DÉBATS	MOTIFS DU JUGEMENT.	LOI APPLIQUÉE.
		M. demeurant rue n° de la compagnie.	Cité par exploit du à la requête de M. le capitaine rapporteur, comme prévenu d'avoir	Ouï le capitaine rapporteur en ses réquisitions. Ouï le prévenu en ses défenses. Les voix étant recueillies dans l'ordre inverse des grades.	Attendu qu'il résulte de l'information des débats et des rapports en date des que M. a manqué aux services du aux postes d pour lesquels il avait été régulièrement commandé.	Vu l' arti de la du 13 juin 18 dont lecture a donnée par M. président, et d le texte est contre.

département de la Seine

Modèle n° 8,
du Règlement disciplinaire.

DES JUGEMENTS

18 .

AUDIENCE PUBLIQUE
du

DISCIPLINE.

BATAILLON.

Président, M.

M. *Garde national.*
M. *Garde national.*
M. *Rapporteur.*
M. *Secrétaire.*

TEXTE DES ARTICLES DE LA LOI.	DISPOSITIF.	SIGNATURES.	
ART. 72. Les Conseils de discipline peuvent infliger les peines suivantes : 1° La réprimande ; 2° La réprimande avec mise à l'ordre des motifs du jugement ; 3° La prison pour six heures au moins et trois jours au plus, avec ou sans mise à l'ordre ; 4° La privation du grade, avec mise à l'ordre ; 5° La radiation des contrôles, avec mise à l'ordre. S'il n'existe dans la commune ni prison spéciale pour l'exécution des jugements du Conseil de discipline, ni local en tenant lieu, la peine de la prison est remplacée par une amende de un franc à quinze francs au profit de la commune du contrevenant.	Condamne M. à	Le président, Le secrétaire, Enregistré gratis à le 18 .	

10

e LÉGION
de
Paris ou de la Banlieue.

CONSEIL
DE DISCIPLINE
du e bataillon.

JUGEMENT CONTRADICTOIRE.

(Expédition et signification).

N°

Modèle n° 9
du Règlement disciplinaire.

GARDES NATIONALES

DU DÉPARTEMENT DE LA SEINE.

AU NOM DU PEUPLE FRANÇAIS.

L'an mil huit cent , le du mois de

Le Conseil de discipline du e Bataillon de la e Légion de la Garde nationale de Paris ou de la Banlieue, convoqué et réuni dans le lieu ordinaire de ses séances, à la Mairie, a rendu le jugement dont la teneur suit :

Entre le Rapporteur au Conseil de discipline, remplissant les fonctions du ministère public,

Et le Sieur

garde national de la compagnie dudit Bataillon, demeurant à cité par acte du à la réquisition de M. le Rapporteur.

Le Conseil, après avoir entendu :

1° La lecture faite par le Secrétaire d

2° Les dépositions des témoins, tant à charge qu'à décharge, lesquels ont prêté le serment prescrit par l'art. 155 du code d'instruction criminelle ;

3° Les explications du prévenu ;

4° L'exposé et les conclusions du Rapporteur ;

5° Enfin la défense de l'inculpé ;

Après en avoir délibéré en secret, hors de la présence du Rapporteur, jugeant en dernier ressort ;

Attendu qu'il résulte des pièces et des débats que

AVERTISSEMENT ESSENTIEL.

Les jugements définitifs, c'est-à-dire les jugements contradictoires et les jugements par défaut confirmés sur opposition, ou auxquels il n'aura point été formé opposition dans le délai prescrit, ne peuvent être attaqués que devant la cour de cassation, pour cause d'incompétence, excès de pouvoirs ou contravention à la loi.

Nota. Si le condamné n'exécute pas le jugement volontairement, l'exécution en sera suivie dans les mêmes formes que pour les jugements des tribunaux ordinaires. Il ne devra imputer qu'à lui les désagréments et les frais qui en pourraient résulter.

Vu les articles 72, 73, 74, 75, 76, 79, 82 et 83 de la loi sur la Garde nationale du 13 juin 1851, ainsi conçus ;

« Art. 72. Les conseils de discipline peuvent infliger les peines suivantes :
« 1° La réprimande ;
« 2° La réprimande avec mise à l'ordre des motifs du jugement ;
« 3° La prison pour six heures au moins et trois jours au plus, avec ou sans mise à l'ordre ;
« 4° La privation du grade, avec mise à l'ordre ;
« 5° La radiation des contrôles, avec mise à l'ordre ;
« S'il n'existe dans la commune ni prison spéciale pour l'exécution des jugements du conseil de discipline, ni local en tenant lieu, la peine de la prison est remplacée par une amende de un à quinze francs au profit de la commune du contrevenant.

Art. 73. Est puni, selon la gravité des cas, de l'une des peines énoncées sous les numéros 1, 3 et 4 de l'article précédent, tout officier qui, étant de service ou en uniforme, tient une conduite qui compromet son caractère ou porte atteinte à l'honneur de la garde nationale.
« Est puni de l'une des mêmes peines, selon la gravité des cas, tout officier ou chef de poste qui commet une infraction aux règles du service, à la discipline ou à l'honneur de la garde nationale, et, notamment, qui contrevient à l'art. 5 de la présente loi. »

Art. 74. Est puni de la prison tout officier ou sous-officier, chef de poste ou de détachement, qui, étant de service, s'est rendu coupable :
« D'inexécution d'ordres reçus ou d'infraction à l'art. 6 de la présente loi ;
« De manquement à un service commandé ou d'absence du poste non autorisée ;
« D'inexactitude à signaler, dans les formes requises, les fautes commises par ses subordonnés ;
« De désobéissance ;
« D'insubordination ;
« De manque de respect, de propos offensants ou d'insultes envers les officiers d'un grade supérieur ;
« De propos outrageants envers un subordonné ou d'abus d'autorité. »

Art. 75. — Dans le cas où l'ordre public est menacé, tout garde national qui, sans excuse légitime, ne se rend pas à l'appel, est puni d'un emprisonnement qui ne pourra excéder trois jours.
« Tout officier, sous-officier ou coporal est en outre privé de son grade.
« Le jugement est mis à l'ordre.
« Le conseil de discipline peut, de plus, prononcer contre les condamnés la radiadion des contrôles du service ordinaire pour un temps qui n'excédera pas cinq années, et ordonner l'affiche du jugement à leurs frais.
« Tout garde national rayé des contrôles du service ordinaire est immédiatement désarmé. »

Art. 76. Peut être puni, selon la gravité des cas, de la réprimande, de la réprimande avec mise à l'ordre ou de la prison pour deux jours au plus et trois en cas de récidive :
« Tout sous-officier, caporal ou garde national coupable d'inexécution des ordres reçus, de désobéissance, d'insubordination ou de refus d'un service commandé.
« Sont considérés comme services commandés, non-seulement les services commandés dans la forme ordinaire, mais encore les prises d'armes par voie de rappel ou de convocation verbale ;
« 2° Tout sous-officier, caporal ou garde national de service qui est en état d'ivresse, profère des propos offensants contre l'autorité ou tient une conduite qui porte atteinte à la discipline ou à l'ordre ;
« 3° Tout sous-officier, caporal ou garde national de service qui abandonne ses armes, sa faction ou son poste avant d'être relevé ;
« L'arrivée tardive au lieu de rassemblement ; l'absence du poste sans autorisation, et l'absence prolongée au-delà du terme fixé par l'autorisation, peuvent être considérées comme abandon du poste ;
« 4° Tout sous-officier, caporal ou garde national qui enfreint l'art. 5 de la présente loi ;
5° Tout sous-officier, caporal ou garde national dont l'armement est mal entretenu, ou qui ne fait pas son service en uniforme, dans les communes où l'uniforme est obligatoire. »

« Art. 79. Est privé de son grade par le jugement de condamnation tout officier, sous-officier, ou caporal qui, après une première condamnation, est, dans les douze mois, puni de la prison, pour une seconde infraction, par le conseil de discipline. »

« Art. 82. Tout garde national qui, dans l'espace d'une année, a subi deux condamnations du conseil de discipline, peut être, par le jugement qui prononce la seconde condamnation, rayé des contrôles du service ordinaire, pour deux années au plus, avec mise à l'ordre. »

« Art. 83. Après deux condamnations pour refus de service, le garde national est, en cas de troisième refus de service dans l'année, traduit devant le tribunal de police correctionnelle, et condamné à un emprisonnement qui ne peut être moindre de six jours ni excéder dix jours.
« En cas de récidive dans l'année, à partir du jugement correctionnel, le garde national est traduit de nouveau devant le tribunal de police correctionnelle, et puni d'un emprisonnement qu ne peut être moindre de dix jours, ni excéder vingt jours.
Il est, en outre, condamné aux frais et à une amende qui ne peut être moindre de seize francs, ni excéder trente francs dans le premier cas, et, dans le deuxième, être moindre de trente francs ni excéder cent francs. »

desquels il a été donné lecture par le Président.

Les voix ayant été recueillies par le Président dans l'ordre inverse des grades, condamne le Sieur

Fait et jugé en séance publique les jour, mois et an que dessus.
Ainsi signé à la minute :

PRÉSIDENT,

et SECRÉTAIRE,

Enregistré gratis,

, le 18 .

En conséquence, la République mande et ordonne à tous Huissiers sur ce requis, de mettre le présent jugement à exécution ; aux Procureurs généraux et aux Procureurs de la République près les tribunaux, d'y tenir la main ; à tous Commandants et Officiers de la force publique de prêter main-forte lorsqu'ils en seront légalement requis.

En foi de quoi, le présent jugement a été signé par

LE SECRÉTAIRE,

L'an mil huit cent le à la requête du Rapporteur près le Conseil de discipline d j'ai soussigné, signifié au Sieur

copie de la grosse en forme exécutoire d'un jugement contradictoire rendu le mil huit cent contre lui par ledit Conseil de discipline, dûment signifié et enregistré.

Et, afin qu'il n'en ignore, et ait à y satisfaire, lui ai laissé copie du présent en son domicile, rue n° parlant à

° LÉGION de Paris ou de la Banlieue.

CONSEIL DE DISCIPLINE du ° bataillon.

JUGEMENT PAR DÉFAUT.

(Expédition et signification.)

N°

GARDES NATIONALES

Modèle n° 10 du Règlement disciplinaire.

DU DÉPARTEMENT DE LA SEINE.

AU NOM DU PEUPLE FRANÇAIS.

L'an mil huit cent le

Le Conseil de discipline du ° Bataillon de la légion de la Garde nationale de Paris ou de la Banlieue, convoqué et réuni dans le lieu ordinaire de ses séances, a rendu le jugement dont la teneur suit :

Entre le Rapporteur au Conseil de discipline, remplissant les fonctions du ministère public ;

Et le Sieur garde national de la compagnie demeurant à défaillant, quoique régulièrement cité, par acte en date du à la réquisition de M. le Rapporteur.

Le Conseil, après avoir entendu :

1° La lecture faite par le secrétaire, d

2° Les dépositions des témoins, lesquels ont prêté le serment prescrit par l'article 155 du Code d'instruction criminelle ;

3° L'exposé et les conclusions du Rapporteur ;

Après en avoir délibéré en secret, hors de la présence du Rapporteur, jugeant en dernier ressort ;

Attendu qu'il résulte des pièces que

Vu les articles 72, 73, 74, 75, 76, 79, 82 et 83 de la loi sur la Garde nationale du 13 juin 1851, ainsi conçus :

« Art. 72. Les conseils de discipline peuvent infliger les peines suivantes :

« 1° La réprimande ;

Avis essentiel.

Les jugements par défaut peuvent être attaqués par la voie de l'opposition. — L'opposition doit être faite par une déclaration signée au bas de l'acte de signification, *et remise entre les mains du Secrétaire du Conseil, dans les trois jours de la date dudit acte.* — L'opposition est suivie d'une citation à une nouvelle audience. S'il n'y a pas d'opposition ou si l'opposant ne paraît pas à la séance indiquée, le jugement par défaut sera définitif.

Nota. Si le condamné n'exécute pas le jugement volontairement, l'exécution en sera suivie dans les mêmes formes que pour les jugements des tribunaux ordinaires ; il ne devra imputer qu'à lui les désagréments et les frais qui en pourraient résulter.

« 2° La réprimande avec mise à l'ordre des motifs du jugement ;
« 3° La prison pour six heures au moins et trois jours au plus, avec ou sans mise à l'ordre ;
« 4° La privation du grade, avec mise à l'ordre ;
« 5° La radiation des contrôles, avec mise à l'ordre.

« S'il n'existe dans la commune ni prison spéciale pour l'exécution des jugements du conseil de discipline, ni local en tenant lieu, la peine de la prison est remplacée par une amende de un à quinze francs au profit de la commune du contrevenant.

« Art. 73. Est puni, selon la gravité des cas, de l'une des peines énoncées sous les numéros 1, 2, 3 et 4 de l'article précédent, tout officier qui, étant de service ou en uniforme, tient une conduite qui compromet son caractère ou porte atteinte à l'honneur de la garde nationale.

« Est puni de l'une des mêmes peines, selon la gravité des cas, tout officier ou chef de poste qui commet une infraction aux règles du service, à la discipline ou à l'honneur de la garde nationale, et, notamment, qui contrevient à l'art. 5 de la présente loi.

« Art. 74. Est puni de la prison tout officier ou sous-officier, chef de poste ou de détachement, qui, étant de service, s'est rendu coupable :
« D'inexécution d'ordres reçus ou d'infraction à l'article 6 de la présente loi ;
« De manquement à un service commandé ou d'absence du poste non autorisée ;
« D'inexactitude à signaler, dans les formes requises, les fautes commises par ses subordonnés ;
« De désobéissance ;
« D'insubordination ;
« De manque de respect, de propos offensants ou d'insultes envers les officiers d'un grade supérieur ;
« De propos outrageants envers un subordonné ou d'abus d'autorité. »

« Art. 75. Dans le cas où l'ordre public est menacé, tout garde national qui, sans excuse légitime, ne se rend pas à l'appel, est puni d'un emprisonnement qui ne pourra excéder trois jours.

« Tout officier, sous-officier ou caporal est en outre privé de son grade.

« Le jugement est mis à l'ordre.

« Le conseil de discipline peut, de plus, prononcer contre les condamnés la radiation des contrôles du service ordinaire pour un temps qui n'excédera pas cinq années, et ordonner l'affiche du jugement à leurs frais.

« Tout garde national rayé des contrôles du service ordinaire est immédiatement désarmé. »

« Art. 76. Peut être puni, selon la gravité des cas, de la réprimande, de la réprimande avec mise à l'ordre ou de la prison pour deux jours au plus et trois en cas de récidive :

« 1° Tout sous-officier, caporal ou garde national coupable d'inexécution des ordres reçus, de désobéissance, d'insubordination ou de refus d'un service commandé.

« Sont considérés comme service commandés non-seulement les services commandés dans la forme ordinaire, mais encore les prises d'armes par voie de rappel ou de convocation verbale ;

« 2° Tout sous-officier, caporal ou garde national de service qui est en état d'ivresse, profère des propos offensants contre l'autorité ou tient une conduite qui porte atteinte à la discipline ou à l'ordre ;

« 3° Tout sous-officier, caporal ou garde national de service qui abandonne ses armes, sa faction ou son poste avant d'être relevé ;

« L'arrivée tardive au lieu de rassemblement ; l'absence du poste sans autorisation, et l'absence prolongée au delà du terme fixé par l'autorisation, peuvent être considérés comme abandon du poste ;

« 4° Tout sous-officer, caporal ou garde national qui enfreint l'article 3 de la présente loi ;

« 5° Tout sous-officier, caporal ou garde national dont l'armement est mal entretenu, ou qui ne fait pas son service en uniforme, dans les communes où l'uniforme est obligatoire. »

« Art. 79. Est privé de son grade par le jugement de condamnation tout officier, sous-officier ou caporal qui, après une première condamnation, est, dans les douze mois, puni de la prison, pour une seconde infraction, par le conseil de discipline. »

« Art. 82. Tout garde national qui, dans l'espace d'une année, a subi deux condamnations du conseil de discipline, peut être, par le jugement qui prononce la seconde condamnation, rayé des contrôles du service ordinaire, pour deux années au plus, avec mise à l'ordre.

« Art. 83. Après deux condamnations pour refus de service, le garde national est, en cas de troisième refus de service dans l'année, traduit devant le tribunal de police correctionnelle, et condamné à un emprisonnement qui ne peut être moindre de six jours ni excéder dix jours.

« En cas de récidive dans l'année, à partir du jugement correctionnel, le garde national est traduit de nouveau devant le tribunal de police correctionnelle, et puni d'un emprisonnemnnt qui ne peut être moindre de dix jours, ni excéder vingt jours.

« Il est, en outre, condamné aux frais et à une amende qui ne peut être moindre de seize franc, ni excéder trente francs dans le premier cas, et, dans le deuxième, être moindre de trente francs ni excéder cent francs.

desquels il a été donné lecture par le Président.

Les voix ayant été recueillies par le Président dans l'ordre inverse des grades,

Donne défaut, et pour le profit CONDAMNE le Sieur

Fait et jugé en séance publique les jour, mois et an que dessus.
Ainsi signé à la minute :

PRÉSIDENT,

et SECRÉTAIRE,

Enregistré gratis,
A *le* 18 .

En conséquence, la République mande et ordonne à tous huissiers sur ce requis de mettre le présent jugement à exécution ; aux Procureurs généraux et aux Procureurs de la République près les tribunaux, d'y tenir la main ; à tous Commandants et Officiers de la force publique de prêter main-forte, lorsqu'ils en seront légalement requis.

En foi de quoi le présent jugement a été signé par

LE SECRÉTAIRE,

L'an mil huit cent le à la requête du Rapporteur près le Conseil de discipline d
j'ai soussigné, signifié au sieur

copie de la grosse en forme exécutoire d'un jugement rendu par défaut, le mil huit cent , contre lui par ledit Conseil de discipline, dûment signé et enregistré.

Et, afin qu'il n'en ignore, et ait à y satisfaire, lui ai laissé copie du présent en son domicile, rue n° parlant à

LÉGION
DE
PARIS ou de la BANLIEUE.

CONSEIL DE DISCIPLINE
DU BATAILLON.

SIGNIFICATION
des Jugements.

ORIGINAL COLLECTIF.

GARDE NATIONALE DU DÉPARTEMENT DE LA SEINE

Modèle n° 11, du Réglem. discipl.

DISCIPLINE.

L'an mil huit cent soixante-   , le   à la requête du   rapporteur près le Conseil de discipline du   bataillon de la   légion,

J'ai, Tambour-Maître du   bataillon de la   légion assermenté, demeurant à rue   , n°   , soussigné,

Signifié et donné copie, à chacun des gardes nationaux ci-après dénommés, de la grosse en forme exécutoire du jugement rendu contre lui, le   18   , par ledit Conseil.

NUMÉROS de la CITATION.	NOMS ET PRÉNOMS.	PROFESSION.	DEMEURE.	NATURE des JUGEMENTS.	PRONONCÉ DES JUGEMENTS.	PARLANT A

Et, à ce que chacun des susnommés n'en ignore, et ait à y satisfaire, j'ai laissé à son domicile copie tant du jugement qui le concerne que du présent.

Le Tambour-Maître assermenté, faisant les fonctions d'agent de la force publique,

Enregistré gratis à
le   18
F°   n°   C°.
Le Receveur de l'Enregistrement,

JUGEMENT { Contradictoire. Par defaut. Débouté d'opp. par défaut. Débouté d'opp. contredit.

N°

GARDE NATIONALE
DU DÉPARTEMENT DE LA SEINE.

Modèle n° 12 du Règlem. disciplinaire.

Extrait des minutes des jugements rendus par le conseil de discipline du bataillon de la garde nationale du département de la Seine.

SÉANCE DU 18

Entre M. le Capitaine rapporteur près le Conseil de discipline du bataillon de la Garde nationale du département de la Seine, remplissant les fonctions du ministère public,

Et le sieur demeurant à rue n° de la compagnie dudit bataillon, régulièrement cité pour ladite séance

comme prévenu d'avoir le service d'ordre et de sûreté le

suivant rapports en date des mêmes jours, même année.

Le Conseil de discipline, jugeant en dernier ressort, et faisant application de l'article de la loi du 13 juin 1851 et du décret du 11 janvier 1852, condamne le sieur en heures de prison.

Le présent jugement, signifié le n'ayant été attaqué par aucune voie de droit, et les délais étant expirés, délivrons le présent extrait conforme à M. le Capitaine rapporteur.

A , le 18 .

Le Secrétaire du Conseil.

Nous, rapporteur près le Conseil de discipline du bataillon de la garde nationale du département de la Seine.

Vu : 1° L'extrait de l'autre part du jugement rendu par le Conseil de discipline dudit bataillon, le 18 , contre le sieur

2° Le certificat du Secrétaire dudit Conseil, constatant que ledit jugement, dûment signifié, n'a point été attaqué ;

Attendu que, les délais et recours étant épuisés, ledit jugement est devenu définitif :

Requérons tous agents de la force publique d'arrêter ledit sieur et de le conduire à la maison d'arrêt de la Garde nationale, pour y être écroué, en exécution dudit jugement.

Fait à , le 18 .

Le Rapporteur,

Modèle n° 13
du Règlement disciplinaire.

GARDE NATIONALE DE PARIS.

Légion. — Bataillon.

RÉCÉPISSÉ D'OPPOSITION.

Je, soussigné, secrétaire du conseil de discipline du bataillon Légion, certifie que le sieur a déposé ce aujourd'hui entre mes mains une opposition au jugement rendu par défaut contre lui par ledit conseil le contenant condamnation à

En foi de quoi je lui ai délivré le présent certificat.

A le 18 .

Le secrétaire du conseil de discipline,

Modèle n° 14
du Règlem. discip.

REGISTRE

DESTINÉ A INSCRIRE

LES DÉCLARATIONS DE POURVOI.

(Art. 417 du Code d'Instruction criminelle.)

Commencé le 18

Le présent Registre contenant feuillets, a été paraphé à chaque feuillet, par nous, Préfet d pour servir à inscrire les déclarations de pourvoi, conformément à l'art. 417 du Code d'Instruction criminelle, à compter du 18 .

A , le 18 .

N° D'ORDRE.	
	Cejourd'hui du mois d mil huit cent soixante- s'est présenté devant moi, secrétaire du Conseil de discipline du bataillon de la légion de la Garde nationale d le sieur (1)
	lequel a déclaré se pourvoir en cassation contre le jugement dudit conseil, en date du (2)
	De laquelle déclaration j'ai dressé le présent acte, que le déclarant a signé avec moi (3).

(1) Indiquer ici si c'est le rapporteur ou le condamné qui se pourvoit. Si c'est ce dernier, faire connaître ses nom, prénoms, demeure, profession, grade et compagnie.
(2) Indiquer après la date le prononcé du jugement.
(3) Ici doivent signer le déclarant et le secrétaire ; si le déclarant ne veut ou ne peut signer, le secrétaire en fera mention.

Modèle n° 15
du règlement disciplin.

DÉPARTEMENT
d

ARRONDISSEMENT
d

CANTON
d

CONSEIL DE DISCIPLINE
du Bataillon
de la Légion

GARDE NATIONALE d

EXTRAIT

Du Registre tenu aux termes de l'art. 417 du Code d'instruction criminelle, pour l'inscription des déclarations de pourvoi.

Ce jourd'hui du mois de mil huit cent , s'est présenté devant moi, secrétaire du conseil de discipline du bataillon de la légion de la garde nationale d
le citoyen

lequel a déclaré se pourvoir en cassation contre le jugement dudit conseil, en date du
qui

De laquelle déclaration j'ai dressé le présent acte, que le déclarant a signé avec moi.

*Signature du déclarant**. *Signature du Secrétaire.*

* *Ou mention qu'il n'a pas su ou voulu signer.*

Extrait du registe des pourvois,
n° page

Certifié conforme :
Le Secrétaire du conseil de discipline,

GARDES NATIONALES
DU DÉPARTEMENT DE LA SEINE.

Discipline.

Légion de Paris ou de la Banlieue, Bataillon.

Modèles nos 16 et 18 du Règlement disciplin.

CONSEIL DE DISCIPLINE.

Séance du 18 .

Extrait du rapport du Poste d

COMMANDÉ PAR L

Légion, Bataillon, Escadron Compagnie Garde à cheval, Sapeur, Musicien.

Service du *au* 18 .

NOMS ET PRÉNOMS.	GRADE.	PROFESSION.	DEMEURE.		INDICATION DES PRÉSENTS ET DES ABSENTS.
			RUE.	N°.	

L'ADJUDANT-MAJOR DE SERVICE,
Signé

LE CHEF DU POSTE,
Signé

Le présent extrait délivré pour être annexé au jugement d'incompétence en date du qui renvoie le sieur conformément à la loi.

CERTIFIÉ CONFORME,
Le Rapporteur,

Modèle n° 17
du Règlement disciplin.

GARDES NATIONALES
DU DÉPARTEMENT
de
LA SEINE.

BATAILLON.

CONSEIL DE DISCIPLINE.

Inventaire des pièces transmises au greffe de la Cour de Cassation, et relative à M. , garde national de la Compagnie.

1° Extrait certifié de la citation collective en date du en ce qui concerne M.

2° Extrait certifié de la feuille de renvoi du colonel en date du

3° Extrait certifié du rapport en date du

(Indiquer ici toutes les pièces qu'on croirait utile de joindre à celles mentionnées plus haut.)

Expédition du jugement du Conseil de discipline en date du qui condamne M. à

Extrait certifié de la signification du jugement.

Expédition de la déclaration de pourvoi en date du

Mémoire du demandeur.

Id. de M. le Capitaine rapporteur.

Le présent inventaire.

Le Secrétaire du Conseil de discipline,

Vu par le Capitaine rapporteur.

Modèle n° 19
du Règlement disciplin.

GARDE NATIONALE
DE
LA SEINE.

LÉGION.

BATAILLON.

CONSEIL DE DISCIPLINE.

Inventaire des pièces transmises à M. le Procureur Impérial, et relatives à M. , garde national de la Compagnie.

1° Expédition d'un jugement en date du
qui condamne M. à

2° Expédition d'un jugement en date du
qui condamne M. à

3° Expédition d'un jugement en date du
que déclare l'incompétence du Conseil de discipline pour connaître des faits imputés à M.

4° Extrait certifié de la feuille de renvoi du colonel en date du

5° Extrait certifié du rapport en date du

(Indiquer ici les pièces qu'on croirait utile de joindre à celles désignées plus haut.)

Le présent inventaire.

Le Secrétaire du Conseil de discipline,

Vu par le Capitaine rapporteur,

Modèle n° 20, du Règlem. disciplin.

GARDES NATIONALES DU DÉPARTEMENT DE LA SEINE.

Légion de Paris ou de la Banlieue.

BATAILLON.

CONSEIL DE DISCIPLINE.

RÉPERTOIRE DISCIPLINAIRE ALPHABÉTIQUE.

NUMÉROS		NOMS ET PRÉNOMS Professions et Demeures des Gardes nationaux condamnés.	DÉSIGNATION des		MANQUEMENTS et INFRACTIONS		DÉCISION DU CONSEIL DE DISCIPLINE.		DATE DE L'ÉCROU ou motif de l'empêchement.	OBSERVATIONS
de la Feuille de renvoi.	de la Citation.		Compagnies.	Grades.	Dates.	Postes.	Date du Jugement.	Nature de la peine.		

TABLE.

LIVRE Ier

TITRE 1er — Lois de 1851 et 1852.

TITRE 2. — Dispositions générales.

TITRE 3. — Du recensement.

TITRE 4. — Des jurys de révision.

TITRE 5. — Du service de la garde nationale.

LIVRE II

DISCIPLINE

TITRE 3. — Répression confiée aux tribunaux correctionnels.

TITRE 4.

TITRE 5. — Procédure devant le conseil de discipline.

TITRE 6. — Des oppositions.

TITRE 7. — Pourvois en cassation.

TITRE 8.

TITRE 9.

Vannes. — Imprimerie Gust. de Lamarzelle.

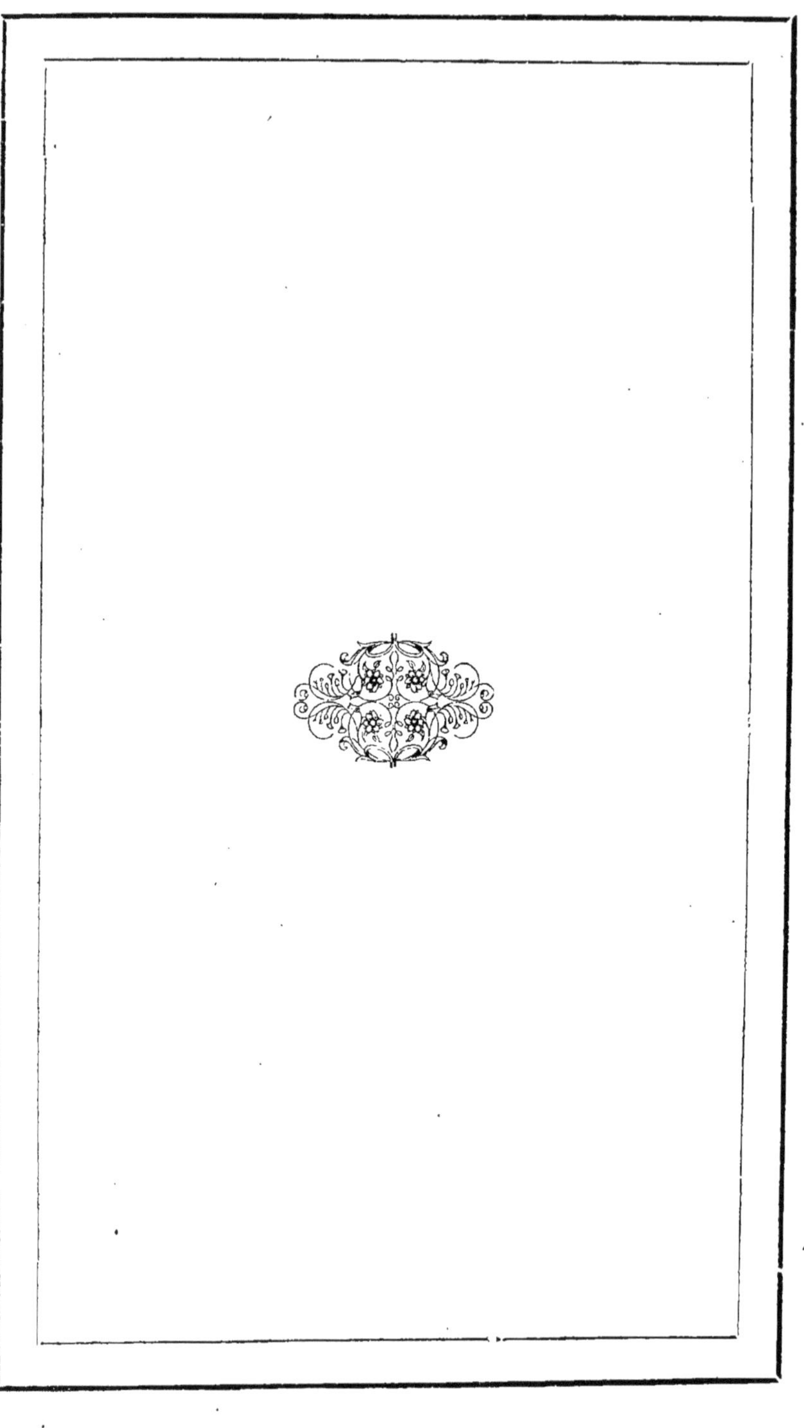

www.ingramcontent.com/pod-product-compliance
Ingram Content Group UK Ltd.
Pitfield, Milton Keynes, MK11 3LW, UK
UKHW020956230726
13923UKWH00007B/417